Wolf von Lojewski

Die Briten sind anders

Erfahrungen rund um Big Ben

Hoffmann und Campe

CIP-Titelaufnahme der Deutschen Bibliothek

Lojewski, Wolf von:
Die Briten sind anders: Erfahrungen rund um Big Ben/
Wolf von Lojewski. – 1. Aufl. – Hamburg:
Hoffmann u. Campe, 1988
ISBN 3-455-08283-1

Schutzumschlag und Einbandgestaltung: Werner Rebhuhn
unter Verwendung eines Fotos der dpa
Gesetzt aus der Garamond Antiqua
Satzherstellung: Dörlemannsatz, Lemförde
Druck und Bindung: Franz Spiegel Buch GmbH, Ulm
Printed in Germany

Inhalt

Bring me my bow of burning gold!
Bring me my arrows of desire!
Bring me my spear! O clouds unfold!
Bring me my Chariot of Fire!
I will not cease from mental fight;
Nor shall my sword sleep in my hand
Till we have built Jerusalem
In England's green and pleasant land.

Reicht mir den Bogen aus feurigem Gold,
reicht mir die Pfeile des Verlangens!
reicht mir den Speer, ihr Wolken, klärt euch!
Bringt mir den Kampfwagen aus Flammen!
Den Streit des Geistes will ich nicht enden,
noch ruht das Schwert in meiner Hand,
bis wir Jerusalem begründet
in Englands heitrem, grünem Land.

Jedes Jahr beendet die BBC in einem Meer von Fahnen ihre Serie sommerlicher Konzerte in der Londoner Royal Albert Hall mit »The Last Night of the Proms«. Höhepunkte dieses britischen Happenings sind die Hymne »Land of Hope and Glory« und dieser Choral »Jerusalem« (Hubert Parry, Text nach William Blake). Die noch heute lebendige Vision aus den selbstbewußten Tagen der Königin Viktoria ist es, das Gelobte Land und die Heilige Stadt auf der Insel der Briten neu zu gründen.

»Sind die Briten eigentlich völlig verrückt geworden?«

Selten war es in London so schwül gewesen wie an diesem 3. Juni 1982. Es wollte einfach nicht regnen. Der Polizist vor der schwarzen Tür des Hauses No. 10 Downing Street hatte seine Uniformjacke abgelegt. Drinnen im Halbdunkel dieser auf ein Gewitter wartenden britischen Machtzentrale wirkte alles gedämpft, fast eingeschlafen. Ferner Donner rollte durch die kleine Regierungsstraße in Whitehall, als wäre es das Schießen aus dem fernen Falkland.

Im Januar erst hatte ich meine Arbeit als Londoner Korrespondent der ARD angetreten – in der Erwartung, aus einem Land mittlerer Größe und mittlerer weltpolitischer Bedeutung über mittlere Streiks und mittlere Krisen zu berichten. Und plötzlich war Großbritannien im Krieg. Ich erinnere mich noch gut an das erste Gespräch mit einem Redakteur der »Tagesschau« über einen Bericht von einer Minute und fünfzehn Sekunden Länge für eine der Vor-Ausgaben. Der Kollege war wohlwollend, prustete voller vergnüglicher Laune am anderen Ende des Telefons. Krieg zwischen Großbritannien und Argentinien wegen ein paar Inseln am Südpol? Das schien einem aufgeklärten Geist des zu Ende gehenden 20. Jahrhunderts eine der drolligsten Geschichten, die eine gediegen-respektierliche Nachrichtensendung je ihren Zuschauern vorzutragen wagte.

Im Juni hatte es jeder begriffen. Das war die Zeit, als sämtliche Großmacht- und Weltpolitik zum Stillstand gekommen war, weil sowohl die Männer im Moskauer Kreml wie der Stab im Weißen Haus in Washington gebannt und völlig verunsichert auf eine resolute Frau in London starrten. All die üblichen Krisen dieser Welt hatten für ein paar Wochen und Monate Pause. Was lohnte es denn, im Libanon den ganz besonderen Irrsinn zu entfachen, wenn keine Zeitung und keine Fernsehsendung davon allzuviel Notiz nehmen konnte. Wir hatten ein stillschweigendes Übereinkommen mit den Kollegen der aktuellen Sendungen: Wann immer neue Bilder aus Falkland kommen, fliegen andere Meldungen und Berichte aus dem Programm. Selbst Bonner Bedeutsamkeiten wurden nicht geschont.

Nun also, an jenem gewittrigen Nachmittag, hatten wir uns in der Downing Street versammelt: ein Fernsehteam der BBC, die Kollegen der kommerziellen britischen Nachrichtenorganisation ITN, ein Reporter der Washington Post und wir, ARD-German Television. Jeder litt unter diesem schwülen, unbritischen Wetter. Margaret Thatcher war ganz in Schwarz gekleidet; in den üblichen blau- und graugestreiften Anzügen ihr Mitarbeiterstab. In einem Zimmer im Erdgeschoß hatten die grellen Lichter des Fernsehens die Hitze des Tages noch um mehrere Grad in die Höhe getrieben. Nach jedem Gang vor eine der Kameras gönnte sich die Dame des Hauses ein paar Minuten Pause, und die Lichter wurden ausgeschaltet. Schmal, blaß und sehr angespannt stand sie wie von Sekundanten umringt in einer Teeküche des historischen Hauses. Jedesmal, wenn ein Interview zu Ende war, ging sie mit ihren Mitarbeitern noch einmal alles durch, was sie geantwortet hatte. Daß die Argentinier in diesem Krieg die Angreifer waren, ja, sie hatte es gesagt. Daß es keine Ureinwohner gegeben habe auf jenen abgelegenen

Inseln, niemand, den die Briten dort kolonisiert, unterdrückt, vertrieben oder gar ausgerottet hätten, wie die Vorfahren der heutigen Herrscher in Argentinien einst mit den Indios auf dem südamerikanischen Festland umgesprungen seien.

Ganz präzise, alles gesagt! Manchmal war Margaret Thatcher selbst nicht sicher, doch in diesem Punkt waren die Gentlemen um sie herum geradezu leidenschaftlich gewiß: Die Chefin habe nicht den geringsten Fehler gemacht und sei wieder einmal besonders klar gewesen!

Die Fragen von uns Reportern, mal kürzer und mal etwas umständlicher formuliert, sie waren eigentlich immer die gleichen. Ob, da die britischen Landetruppen immer näher auf das von den Argentiniern besetzte Port Stanley vorrückten, ob es denn in der aufgeklärten Zeit keine andere Lösung eines Konflikts geben könne als die große, blutige Schlacht. Die Frau im Scheinwerferlicht sprach langsam und leise, wobei sie fast jedes ihrer Worte mit starker Mimik unterstrich. Es war, als müsse sie Kindern eindringlich vor Augen führen, daß man im Leben nicht nur die angenehmen Dinge haben kann. Die Argentinier haben angegriffen, die Argentinier müssen sich zurückziehen! Sollte in den nächsten sechsunddreißig Stunden ihr Rückzug gemeldet werden, dann werde es kein Blutvergießen geben auf den Falkland-Inseln. »Die Argentinier müssen die Verantwortung tragen für das, was sie sich selbst zuzuschreiben haben!«

Im Grunde war es so schwer zu begreifen, worum es denn überhaupt ging. Da tobte zwölftausend Kilometer entfernt ein Krieg, den nur ein einziges Kamerateam filmen durfte. Und die Bilder dieser einzigen Zeugen der Fernsehzunft wurden sorgfältig vom britischen Verteidigungsministerium zensiert, bevor sie weltweit in die Wohnstuben strahlten. Erst als der ferne, unwirkliche Krieg längst zu

Ende war, sahen die Briten und sah die Welt Menschen im fernen Falkland sterben.

Die meisten Bilder, die uns bis dahin erreicht hatten, waren von einer sterilen, neutralen Aktualität. Man erkannte wohl, daß etwas geschah, aber die Bilder weckten keinerlei anteilnehmende Gefühle. Mal sah es aus wie in einem militärischen Lehrfilm, mal wie eine geographische Expedition. Als der Zerstörer »Sheffield« ausgebrannt war, konnte man ahnen, daß in Kriegen Menschen anderen Menschen Grausames antun. Doch auch hier waren die Bilder eher von solcher Art, daß sie den Journalisten und Experten daheim in den Fernsehstudios Anlaß gaben zu technischen Gesprächen über Elektronik in Raketen und Gegen-Elektronik auf Schiffen.

Als das deutsche Fernsehen an der Reihe war an diesem gewittrigen Nachmittag in der Downing Street, ergab sich ein Problem. Margaret Thatcher saß schon zum drittenmal unter den heißen Lampen, um diesmal mich mit gütiger Strenge anzuschauen, wartend auf die Fragen, die sie ja schon kannte. Dierk Dreves, mein Kameramann, schaltete aber die Kamera nicht ein, schaute beunruhigt im Zimmer herum, bewegt von irgend etwas, das nicht der Krieg in Falkland war. In einem Bild hinter der Premierministerin hatte das Auge des gründlichen Deutschen einen Lichtreflex entdeckt, der den britischen Kameraleuten vor ihm völlig entgangen sein mußte. Mir, das muß ich gestehen, war diese Spiegelung einer unserer heißen, grellen Lampen im Glas dieses Bildes von Herzen egal. Fang endlich an, bevor wir vor Hitze zerfließen!

Aber Dierk hatte die Chefin der britischen Regierung auf seiner Seite. Frau Thatcher war aufgestanden und machte sich daran, das Bild auf irgendeine Art zu arrangieren. Auch die Berater der britischen Politik waren auf das höchste alarmiert und versuchten in männlicher Hilflosigkeit zur Lösung des Problems beizutragen. Natürlich hatten sie keine ernsthafte Chance. Margaret Thatcher hatte alles fest im Griff, schob das Bild nach links und rechts, nach oben und unten. Doch was sie auch anstellte, Dierk war jedesmal unzufrieden. Auch mir blieb nun nichts mehr übrig, als professionelles Interesse zu zeigen.

Aber allen Versuchen zum Trotz, die Schwierigkeiten blieben. Nachdem Kameramann und Premierministerin sich einig waren, aus welcher Ecke des Bildes der Lichtreflex in die Kamera glitzerte, kam Margaret Thatcher auf die Idee, das große, hochkant aufgehängte Bild gegen ein kleineres, unverglastes, querformatiges auszutauschen, griff zu und tat's! Stolz und zufrieden setzten wir uns wieder, um nun auch für die Zuschauer in Deutschland die Frage zu stellen, ob den achttausend in Port Stanley eingeschlossenen Argentiniern kein Ausweg bliebe als Rückzug oder Tod, als von der Kamera her neue Töne der Unzufriedenheit erklangen. Unterhalb des neuen, kleineren Bildes leuchtete ein kantiger heller Fleck auf der Tapete, abschließend mit einem kräftigen, dreckigen Rand. Das größere Bild hatte eben jahrzehntelang Licht und Dreck ferngehalten, während die Tapete drumherum langsam verschmutzte und vergilbte.

Meine Stimmung wurde verzweifelt. Es bestand die berechtigte Sorge, daß wir TV-Germanen die auf dem Höhepunkt des Falkland-Krieges zugestandenen dreißig Minuten der Audienz bei einer zukünftigen Siegerin mit dem Hin- und-Herhängen von Bildern verplempern würden. Doch Margaret Thatcher war nicht mehr zu bremsen. Wieder auf, Papiertaschentücher von irgendwoher besorgt, aus einer Trinkkaraffe goß sie Wasser. Und schon war eine resolute, ordentliche Hausfrau dabei, die Wand, den schmutzigen

Rand unter dem Bild abzuschrubben. Die Berater in der Downing Street hatten Mühe, eine der sonderbaren Situation angepaßte Haltung zu wahren. Mehrere Lagen Papier sind schließlich draufgegangen, der Rand begann sich zu lichten. Was immer an diesem Nachmittag geschah, Margaret Thatcher hatte wieder einmal Ordnung in die Dinge gebracht, und zwar sie ganz alleine.

Das Interview – es war inzwischen heiß wie in der Sauna – verlief in einer Atmosphäre wohlwollender Disziplin. »Ist Ihnen bewußt«, fragte ich, »daß es bei Ihren europäischen Nachbarn eine gehörige Portion Unbehagen auch an der Haltung der britischen Regierung gibt?« – »Nein«, sagte sie gütig. »Wenn es Kritik bei unseren europäischen Verbündeten geben sollte, etwa an der Art, wie wir den Krieg führen, dann sicher nur deshalb, weil wir die Argentinier nicht schon viel früher von den Falkland-Inseln vertrieben haben!«

Inzwischen ist Margaret Thatcher schon zweimal wiedergewählt worden. Ihre politischen Gegner hatten gegen diese resolute Frau überhaupt keine Chance. Länger als irgendein anderer Premierminister in diesem Jahrhundert wohnt sie in dem Haus in der Downing Street. Vieles hat sie in ihren Jahren an der Spitze der britischen Regierung erreicht. Die Inflation ist gesunken, es wird nicht mehr so viel gestreikt. Wahrscheinlich hat sich die Konkurrenzfähigkeit der britischen Wirtschaft unter ihrem strengen Regime gebessert. Zumindest ist das Land im Vergleich zu Japanern, Europäern und Amerikanern nicht weiter dramatisch zurückgefallen. Schon das ist eine große Leistung.

Was sie aber nicht geschafft hat in all den Jahren – und das mag mein falscher, persönlicher Eindruck sein –, sie hat die Herzen ihrer selbstbewußten, toleranten, unverwüstlich-fröhlichen, oft eigenbrötlerischen, wenn nicht gar exzentrischen Landsleute nie erreicht. Da hatte sie keine Chance. Ihr Eifer, ihr Einsatz, ihre Art, immer alles besser zu wissen, das Angespannte, allzu Bemühte: dem Geschmack, den Instinkten und Traditionen gerade dieses Inselvolkes entspricht diese aufdringliche Tüchtigkeit kaum. Ja, sie hat ihre Bewunderer in aller Welt, doch möglicherweise steht diese resolute Frau der Seele anderer Länder näher als der dieses Königreiches. Fast wirkt sie wie das Symbol einer importierten Revolution, einer gigantischen Umerziehung von Lebenskunst zu Effektivität. Der Fleck auf der Tapete, ein pünktlich abfahrender Bus, der Ehrgeiz im Wettbewerb mit den Deutschen und Japanern: dies alles sind einer mit sich selbst zufriedenen Nation nicht gar so heilige Werte wie ihrer »Nanny«, ihrer strengen Erzieherin, die so sehr entschlossen ist, was sie will, auch durchzusetzen. Und sie will eine einst dominierende und dann müde gewordene, eine im internationalen Leistungs- und Lebensstandard zurückgefallene Industrienation wieder zurückführen in die erste Liga.

Mehr als einmal in den fünfeinhalb Jahren als Korrespondent »Rund um Big Ben« hat mich der Gedanke beschlichen, irgend etwas im Charakter dieser Regierungschefin könnte dem deutschen Wesen näher sein als der eher südländischen Art ihrer Landsleute. Pünktlichkeit, Gründlichkeit, Disziplin und fanatischer Ordnungssinn sind denn auch nicht die Tugenden gewesen, die ich an den Briten um mich herum am meisten geschätzt und bewundert habe. Ihre Stärken, ihr Charme, so wie er nun einmal auf mich wirkte, das waren Lebensfreude, jener helle Geist und dieser ganz spezielle britische Humor, sich lustig zu machen über sich selbst, das Gelassene, Unverkrampfte, Selbstbewußte, die unverwüstliche Freude am Leben.

Ich möchte zum Abschied von dieser Insel von Menschen erzählen, die mich beeindruckt haben auf ihre besondere britische Art. Natürlich gehört auch Margaret Thatcher dazu. Denn ob man sie mag oder nicht, unter den Politikern dieser Welt ist sie in ihrer resoluten Art schlicht einmalig und unverwechselbar. Und sie hat durch ihre unverwechselbare Art den Briten Respekt eingebracht in der Weltpolitik. Das jedenfalls schätzen auch ihre Landsleute an ihr, ihre Bewunderer und – klammheimlich – sogar ihre Gegner.

Der Krieg in Falkland, den sie so ganz allein dann aber doch nicht gewonnen hat und den sie als eigenes, persönliches Abenteuer auch nie hatte führen können, hat bei vielen Deutschen erhebliche Verwirrung ausgelöst. Wir Deutschen, die wir nach zwei schrecklichen Kriegen nach dem eigenen Charakter nicht mehr so leidenschaftlich forschen – viele Norddeutsche vor allem –, haben uns in unserem Streben nach einer besseren, aufgeklärten Welt die Briten als europäisches Vorbild genommen; deren Instinkt für Demokratie, das zivilisierte Benehmen von englischen Ladies und Gentlemen. Und plötzlich dieser unsinnige Krieg! Es war eine Zeit, in der eine verwirrte deutsche Heimat ihrem Londoner Korrespondenten voller Entsetzen die Frage stellte: Sind die Briten eigentlich völlig verrückt geworden?

Nun, da dieser Krieg schon ein paar Jahre vorbei ist, wird man es mir vielleicht nicht gar so übelnehmen, das tragische Abenteuer auch einmal unter fast schon unseriösen Gesichtspunkten auf das Besondere, das Britische hin zu untersuchen. Es ist schwer zu sagen, ob es auf dieser Welt noch eine andere aufgeklärte Industrienation gegeben hätte, die mit der ganzen Maschinerie ihrer Seemacht in einen zwölftausend Kilometer entfernten Krieg gezogen wäre, nur um einer kleinen Schar von Menschen zu Hilfe zu kommen, denen man plötzlich über Nacht eine fremde Flagge und eine fremde Obrigkeit mit Gewalt vor die Nase setzte.

Viele, die das bizarre Abenteuer damals auf ihren Fernsehschirmen präsentiert bekamen, fühlten sich an alte Filme erinnert, eine Klamotte, wie von der Traumwelt Hollywoods wiederbelebt – unwirklich, völlig aus der Zeit gekommen, irgendwas wie »Pirat der Königin« oder Errol Flynn als »Herr der sieben Meere«. Jeder hat es zunächst für einen Irrtum gehalten, den die Diplomatie gewiß schnell klären werde. Nicht nur deutsche, sondern auch britische Nachrichtenredakteure kramten verstört in ihren Archiven: Die Falkland-Inseln, wo liegen die überhaupt?

Im Foreign Office, dem britischen Außenministerium, war man wohl am meisten verblüfft. Lord Carrington, einer der fähigsten Minister Ihrer Britischen Majestät, war damals gerade damit beschäftigt, die weltpolitische Dauerkrise in Nahost durch eine Londoner Initiative zu bereichern. Man kann sich schon vorstellen, wie schwer es in dieser bedeutsamen Phase britischer Diplomatie für den Sachbearbeiter »Abgelegene Inseln« war, die Aufmerksamkeit seiner Vorgesetzten auf die naßkalten Steine am Südpol zu lenken. Die Briten hatten ein einziges ältliches Versorgungsschiff in jener Region, die später Kriegsschauplatz wurde. Dem Außenminister in London mag zu Beginn des Jahres 1982 das Gefasel eines Subalternen über einen bevorstehenden Angriff der Argentinier genauso albern vorgekommen sein wie unserem Redakteur der »Tagesschau« in Hamburg.

Auch später, als die britische Flotte schon in den Südatlantik ausgelaufen war, hatte der Glaube an die Ernsthaftigkeit der Situation immer noch nicht auf jeden Briten übergegriffen. Nicht einen Untertanen Ihrer Majestät – im Pub oder im journalistischen Alltag – habe ich getroffen, dem das Abenteuer Anlaß zu kriegerischen Reden war.

Jeder war schnell bereit, vor allem einem Ausländer zu versichern, daß das Ganze überflüssig, sinnlos und äußerst traurig sei. Vom britischen Fernsehen wurde ein pensionierter Admiral vor einen Sandkasten im Studio gestellt. Die Frage an den Experten war: Wie erobert man zwölftausend Kilometer entfernt ein paar Inseln zurück? Die Versorgungslage sei äußerst ungünstig, da alle Soldaten und jeder Schuß Munition erst um die halbe Welt reisen müßten. Kein lateinamerikanisches Land, kein Land auch nur annähernd in der Krisen-Gegend sei bereit, den Briten Häfen oder Flugplätze für Zwischenlandungen zur Verfügung zu stellen. Der Studiogast fing an, seinen Plan zu entwickeln, der Interviewer unterbrach und stellte eine zweifelnde Zwischenfrage. Wie aus einem Traum erwacht, schaute der ergraute Krieger in die Kamera und stammelte: »Also, wenn Sie mir jetzt auch noch solche Fragen stellen ... das Ganze ist doch ohnehin lächerlich!«

Aber lächerlich oder nicht: Ohne die stillschweigende Ermunterung durch die britische Nation hätte auch Margaret Thatcher die waghalsige Expedition nie anordnen oder gar gewinnen können. Die Sozialisten, die Führung der Labour-Partei, sie hatten es in diesen Tagen gewiß nicht leicht. Natürlich waren sie gegen den Krieg, erst recht gegen den Krieg mit einem Land der Dritten Welt. Aber ihre Kritik war so leise und ausgewogen, daß eine über die Argentinier erboste Arbeiterschaft sie auch als Zustimmung auslegen konnte.

Wir sind uns gewiß darin einig, daß Deutsche – in Ost und West – in einer ähnlichen Situation nicht annähernd so rigoros zurückgeschlagen hätten. So zerbrechlich ist die Welt, so drückend die Erinnerung, so groß das Mißtrauen gegen den eigenen Zorn und die eigene Urteilskraft. So hat ein zunächst winziger, dann weltbewegender und heute schon fast wieder vergessener Zwischenfall die Europäer und den Rest der Welt daran erinnert, daß die Nationen der Welt auch heute noch weit entfernt sind von einem genormten, einheitlichen Temperament oder Charakter.

Die Idee vom Fairplay war eindeutig verletzt auf den windigen Inseln am Ende der Zivilisation: Eine fremde Flotte kommt angesegelt, Bewaffnete, die eine unverständliche Sprache sprechen, treten friedlichen Untertanen Ihrer Majestät dreist in den Garten, holen die britische Flagge nieder, ziehen eine seltsame andere auf, trinken Kaffee statt Tee und wollen, daß fortan in jener Gegend nicht mehr auf der linken, sondern auf der rechten Seite der Straße gefahren wird ... Ob arm oder reich, links oder rechts, Lord oder Lastwagenfahrer – alle waren sich plötzlich einig, dies geht zu weit!

Ein klein wenig sportlicher Ehrgeiz mag wohl auch mitgeschwungen haben, einer den Briten nichts mehr zutrauenden Welt zu beweisen, daß Briten eben doch alles lösen und alles leisten können, wenn sie nur wollen. Meistens wollen sie ja einfach nicht. Doch das Außergewöhnliche, Rekorde, eine Herausforderung, die völlig aus dem Rahmen fällt, dies kann in den oft unterschätzten Insulanern ungeahnte Kräfte wecken. Wie eintönig, how boring, wie langweilig ist dagegen der Wettbewerb am Fließband mit den notorisch Tüchtigen und Braven. Vieles, was die anderen, was auch die eigene Premierministerin und die Erzieher um sie herum für so wichtig halten, läßt viele – nicht alle – der selbstbewußten Briten auf eine verstockte Weise kühl.

Also dann, Rückblick und Abschied nach fünfeinhalb Jahren »Rund um Big Ben«. Dies ist der Titel einer Fernsehserie gewesen, der im letzten nicht ganz erklärbare Erfolg einer

Zeit im ARD-Studio London. Auch wir, die wir daran herumgebastelt haben, haben ihre Botschaft bestenfalls nur halb verstanden. Die Sendung war ohne Anspruch auf eine soziale Bedeutsamkeit. Jeder Brite, der darin vorgestellt wurde, war ein Einzelexemplar, auf eine inbrünstige, manchmal schon hemmungslose Art. Und was mir und meinen Kollegen manchmal leichtfiel und manchmal schwer: Wir haben nie die Mission, die Erfindung oder sonst irgendeine Erkenntnis der handelnden Personen bezweifelt.

Stanley Green, der seit Jahrzehnten vor der U-Bahnstation in der Oxford Street vor den Zusammenhängen zwischen Fleischverzehr und lustvoller Begierde warnt, Joe Thompson, der uns das Prinzip der dualen Flugkonfiguration erklärte, das ihn eines Tages mit eigener Muskelkraft nach Deutschland tragen werde, Cecil Lewis, der durch elektromagnetische Felder das Wachstum von Pflanzen fördert, Boy George, sämtliche James-Bond-Darsteller oder Politiker aller Schattierungen: Wir haben nie zweifelnd in Frage gestellt, was sie für richtig hielten. Das Ganze ergab dann eine etwas eigenwillige Realität, ein Kaleidoskop, das den Zuschauer mit dem besonderen Geschmack zu dem wohlwollenden Urteil verführte, so etwas könne eigentlich nur auf den Britischen Inseln gedeihen. Und auch da sollte keiner widersprechen.

Aber was soll nun dieses Buch? Warum der Autor es schreibt, ist noch gerade erklärbar. Ein bißchen ist er vom Abschied gerührt, bereit, in »die Briten« etwas hineinzuträumen, das er an sich selbst nicht stark genug entdecken kann. Und dann dieses seltsame buchhalterische Verlangen eines Journalisten und Herumtreibers auf dieser Welt, Kapitel abzuschließen: Good bye, charming Britain, wieder ab nach Amerika! Doch warum soll das jemand lesen? Wo auf dem großen Markt der politischen Theorien ist die Nachfrage nach der besonderen britischen Dimension? Amerika ja, das ist der große Bruder. Wie viele Sehnsüchte und Enttäuschungen, wie viele Mißverständnisse und unterschiedliche Interessen doch an einem solchen Verhältnis zerren! Die Sowjetunion und China im Wandel, dann Japan und die anderen wirtschaftlichen Aufsteiger in Asien, dieser rätselhafte, etwas gruselige Blick in die Zukunft. Aber das Vereinigte Königreich? Was bedeutet, was lehrt uns diese Kraft zum Verständnis der Welt von morgen?

Die Stärke der Briten ist ja ihre Vergangenheit. Weltmacht? Sie sind es gewesen! Industrienation an der Spitze? Das waren sie auch! So richtig gelohnt – aus der heutigen Sicht – haben sich beide Rekorde nicht. Der Sowjetbürger und vielleicht auch bald der Amerikaner, sie stehen heute vor der Frage, was der Mensch denn überhaupt davon hat, so stark und voller zweifelhafter Macht zu sein. Der Titel »Weltmacht« muß ja noch nichts über die Qualität des Alltags im eigenen Land besagen und wirtschaftlicher Erfolg nichts über die Freude am Leben.

Doch halt, in diesem Punkt sind die Briten allen früheren und heutigen Supermächten weise voraus. Auf die seltene, aber zum Ruhm der Meinungsforschung doch schon mal gestellte Frage: »Sind Sie glücklich?«, haben die Briten stets vor allen anderen Europäern am lautesten mit Ja geantwortet. Die üblichen Daten aus Wirtschaft und Politik standen zu diesem Glück in keinem logischen Bezug.

Und noch etwas ist vorweg zu klären: Was heißt überhaupt »die Briten«? Daß es Engländer, Schotten und Waliser gibt oder diese britischsten aller Briten in Nordirland, sie abzugrenzen und dann wieder unter dem Oberbegriff Briten zusammenzufassen, ist möglicherweise die geringste Verwirrung. Die größte Dreistigkeit eines jeden Autors ist das

Unterfangen, über ganze Nationen etwas Verbindliches auszusagen, und das nun schon nach lächerlichen fünf Jahren und dazu über ein Land, das andere erst zu begreifen wagen, wenn ihre Familien seit Generationen auf dieser Insel lebten. Die wirklich Kundigen führen ihr Wissen auf Heinrich VIII., die Unangreifbaren sogar bis weit vor Wilhelm den Eroberer zurück.

Also, »Brite«, wie mich der völkerkundliche Begriff beim Duschen und in anderen sehr grundsatzhaften Situationen heiß und kalt bewegte, Brite ist vor allem das, was ich nicht war. Brite ist, was ich in jenen Jahren im Königreich nicht verstanden, was ich mit sehnsuchtsvollem Neid bewundert und dann wieder mit ein klein wenig Überheblichkeit belächelt habe. Schlimmer noch: Das ganz besonders Britische hat manchmal in einem Journalisten einen seiner schlimmsten Triebe, ein berufsbedingtes Laster geweckt: den Drang, andere zu belehren. Und aus diesen niederen Instinkten entsprang auch dieses Buch.

Was sonst noch ist über das Besondere, das Britische zu sagen? »Wahrscheinlich«, so hat mir einmal ein Mann aus Yorkshire beigebracht, »braucht der Mensch schon einen besonderen Charakter, um unser englisches Wetter zu ertragen.« Sein Name war Bill Foggit, ein Wettermann auf natürlicher Basis. Seine manchmal zutreffenden, manchmal auch etwas zweifelhaften Prognosen über die Qualität des nächsten Sommers oder Winters bezog er nicht aus Satelliten-Fotos und Computer-Printouts. Er beobachtete Engerlinge, das Verhalten der Maulwürfe, spürte Wetter in seinen Knochen. Seine Theorie im Laufe eines langen Lebens war, daß – bei allen Vorzügen der Griechen und Italiener – wohl nicht zuviel an innerer menschlicher Stärke dazugehören könne, im warmen Süden zu leben. Der Brite dagegen, er sei geformt von Wind und Regen, von dunklen, lausigen Sommern und Zugluft und schlechter Heizung im Winter. »Viele Briten«, so stellte dieser Experte stolz und voller Zufriedenheit fest, »genießen es geradezu, anderen hoch erhobenen Hauptes zu erklären, daß das Wetter, daß der ganze Sommer wieder einmal von auserlesener Scheußlichkeit sei.« So mancher sage dies wie im Triumph. Viele liebten es sogar, darauf zu wetten, wie viele Tage hintereinander es wohl regnen könne. Oh, Freude, hier neue Rekorde aufzustellen!

Von den Briten zu lernen heißt leben lernen. Es ist für die meisten auf dieser Insel kein üppiges und kein verfeinertes Leben. Einfach nur leben. Nun gut, es regnet, und dunkel hängen die Wolken über dem Grün. Aber die Typen und Helden, die mir stets in Erinnerung bleiben werden von jenen Ausflügen »Rund um Big Ben«, in deren Seelen war Licht.

Im Reich des Cricket geht die Sonne nicht unter

Vielleicht ist Cricket der Schlüssel zu allem, der Einstieg in die britische Seele. Ich habe das Spiel nie ganz verstanden, die Regeln nur dunkel erahnt. So wie man als Tourist einen hinduistischen Tempeltanz höchstens fasziniert verfolgen kann, von Eingeweihten aufgeklärt, auf wessen Seite die Götter sind. Aber die Feinheiten bekommt man eben doch nicht mit. Man kann zum Hindu wie zum Briten nur geboren werden.

In seiner vollen Schönheit entfaltet sich das Spiel auf dem Land, in den Dörfern und kleinen Städten der Grafschaften, wo vielerorts das Grün des Cricketfelds das Zentrum der menschlichen Siedlung ist. Wenn man es auf dem Weg von der Südküste nach London aus dem Autofenster erschaut, vielleicht ein kurzer Stopp und ein schnelles Foto, dann scheint es wie ein Zeitlupen-Ritual eines britischen Lebens, von dem man nicht sicher ist, ob es das überhaupt noch gibt oder ob eine Art Fata Morgana die Sinne täuscht. Ob nicht Träume, die man einmal hatte, oder Fernsehserien, die man einmal sah, für Augenblicke aus der Erinnerung steigen.

Man muß ja nicht immer alles begreifen. Auf jeden Fall ist das unendlich langsame Ballett der weißgekleideten Gentlemen auf dem grünen Rasen eine nachdenklich stimmende

Impression. Es muß einfach tiefe Bedeutung haben. Wer sich die Zeit nehmen kann, zu verweilen, nicht zehn Minuten, lieber drei Stunden als nur zwei, der wird – wie es ihm erscheint – immer und immer wieder dieselbe abgezirkelte Szene vor sich ablaufen sehen. Da steht der Batsman mit seinem Schlagstock und klopft sich gegen die Schuhe, zieht sich die Handschuhe zurecht, lockert seine Schultergelenke. Bis er sich plötzlich zusammenrafft und konzentriert auf einen gegnerischen Werfer starrt, der sich anschickt, auf ihn zuzurennen. Da bewacht dieser Schlagmann in seinem kleinen, engen Bereich ein Gestell von Stöckchen in seinem Rücken, die der Ball des Gegners auf keinen Fall treffen darf. Nun rennt der andere auf ihn zu, wirft, schleudert, dreht den Ball durch die Luft, und der Schlagmann versucht, ihn kräftig und weit in die Landschaft zu schmettern, möglichst über den Spielfeldrand: auf die Straße, selbst wenn der Ball dort ein vorbeifahrendes Auto treffen sollte, im Garten eines der kleinen Häuschen rund um das Cricket-Grün landet oder im Pub durch die Fensterscheibe fliegt. Das einzige, was dem Schlagmann nicht passieren darf, ist, daß die taktisch über das Feld verteilten weißgekleideten Truppen des Gegners den Ball aus der Luft fangen. Es ist – das mag ein etwas plumper Vergleich sein –, als bestünde Fußball aus einem stundenlangen Elfmeterschießen. Derselbe Bewegungsablauf immer und immer noch einmal, unterbrochen nur durch die Tea-time.

Die Zuschauer genießen das Schauspiel völlig entspannt an den Seitenlinien. Viele sitzen in mitgebrachten Liegestühlen, trinken Tee aus der Thermosflasche, essen Sandwiches, sonnen und unterhalten sich. Und dann irgendwann braust Beifall auf, und ein verschreckter Festlandseuropäer versucht verschämt herauszubekommen, warum.

Der Sport mit den feingesponnenen Regeln, das haben

mir Experten versichert, denen ich blindlings glaube, symbolisiert einen ganzen Satz der besten britischen Tugenden und Lebenswerte: eine feste Ordnung und Disziplin, Draußensein in der Natur, Sport und Fairneß als Geisteshaltung, Beständigkeit, Gelassenheit und Durchhaltevermögen. »Prodding along«, so hat mir einmal einer der Hohenpriester dieses Sports die Werte erläutert, wacker und unermüdlich sein, nie aufgeben, wenn's mal nicht richtig läuft, werfen, schlagen, werfen, schlagen ...

Sie spielen Cricket in der Karibik, sie spielen Cricket in Australien, sie rennen in Indien aufeinander zu und schmettern den Ball über Kenias spärliches Grün. Was früher für das Britische Weltreich galt, ist heute noch Wahrheit für dieses Gentleman-Spiel. Die Sonne wandert von Ost nach West über den Globus, irgendwo ist immer Licht, nie geht sie unter über dem Cricketsport.

Im Grunde sind die großen Kontinente ja auch nichts weiter als Inseln. Hätten die Briten vor den gewaltigen Massen an Menschen und Land Respekt gehabt, dann hätten sie die Welt wohl gar nicht erst erobert. Sie fuhren mit ihren Schiffen einfach irgendwohin, unterwarfen Völker aller Hautfarben und brachten ihnen das Cricketspielen bei; sie gaben ihnen ihre Justiz mit deren Perücken, dem Militär den besonderen britischen Drill, Tea-time und alles übrige Zeremoniell. Die Frage stellte sich eben nie, ob die derart beglückten Menschen das alles überhaupt wollten.

Wie oft haben wir den Schiffsplan nach St. Helena studiert, die Route zu jener Insel im südlichen Atlantik, wo Napoleon 1821 einsam starb. Sie hatten lange nachgedacht damals, als der Kaiser der Franzosen aus der Verbannung zurückkam und nochmals die Schlacht mit den Briten suchte, erneut verlor und diesmal irgendwohin in die Einöde mußte, von wo nach menschlichem Ermessen wirklich keiner mehr wiederkehrt. Sie fanden die Insel im südlichen Atlantik, ganz am Ende der Zivilisation, von der nächsten afrikanischen Wüste achtzehnhundert Kilometer entfernt.

Um dies gleich vorwegzunehmen: Für uns ist St. Helena stets eine journalistische Phantasie geblieben. Das Schiff fährt von Bristol aus zu den Kanarischen Inseln, von dort zu den Ascension Islands, jener Inselgruppe, von deren Existenz die Welt erst so richtig erfuhr, als die britische Flotte zum Krieg nach Falkland ausgelaufen war. Die Schiffe brauchten unterwegs einen Platz zum Auftanken, die Flugzeuge ein Stück festen Boden zum Zwischenlanden. Und ganz Lateinamerika hatte dem Expeditionskorps einer ehemaligen Kolonialmacht alle Zwischenlanderechte auf dem Weg nach Falkland verweigert.

Von Europa zu den Ascension Islands fährt das Schiff fast zwei Wochen, von dort zu Napoleons endgültigem Verbannungsort sind es nur noch Tage. Das Problem allerdings ist, daß das kleine Schiff, die einzige Verbindung St. Helenas zum Rest der Welt, seltsame Routen nimmt. Meist geht es nach ein paar Stunden vor Anker in St. Helena schon weiter nach Tristan da Cunha. Das klingt portugiesisch, ist aber britisch und muß auf dieser Welt wirklich der allerletzte Winkel sein. Denn es ist administrativ St. Helena untergeordnet, also im Vergleich selbst zu St. Helena Provinz. Das kleine Schiff stampft manchmal hin und her zwischen diesen Inseln am Ende der Welt. Wir haben es zu allen Jahreszeiten durchgerechnet: Man kann entweder nach gut zwei Wochen Seefahrt nur ein paar Stunden in St. Helena an Land gehen und fährt dann wieder zwei Wochen zurück, oder aber man muß gleich zwei oder drei Wochen bleiben, während das Schiff inzwischen seine übrige Route abläuft. Ganz sicher ist man aber auf gar keinen Fall, daß es so oder so schnell wieder irgendwohin zurückkehrt, wo es einen Flugplatz gibt und die Möglichkeit, das ganze Unternehmen schneller als in drei Monaten abzuschließen. Es ist wohl schon einmal ein Fernsehteam dort unten gewesen, und jeder Kameramann in London erzählt mit leuchtenden Augen die Geschichte von dessen Dienstreise und dessen Überstundenbezahlung. Die Expedition hatte in wenigen Tagen jedes Haus und die meisten der fünftausend Menschen von St. Helena abgefilmt und dann mehrere Wochen lang aus verkehrstechnischen Gründen einen gutbezahlten Urlaub.

Warum St. Helena? Der wichtigste Grund war ein inspirierender Bericht in einer Farbbeilage einer der großen Londoner Sonntagszeitungen. Journalisten beziehen ja ihre Ideen recht oft von anderen Journalisten. Sie selbst inspirieren dann wieder die nächsten, und so rollt die Lawine der Information weiter und wird immer größer. Also dieses St. Helena muß in seiner Abgeschiedenheit geradezu exzessiv britisch sein; so britisch, wie es Großbritannien selbst schon gar nicht mehr sein kann, ganz einfach weil der englische Kanal doch nicht so breit ist wie der Atlantik, um die Kräfte der Außenwelt auf Abstand zu halten.

Auf St. Helena gibt es einen Gouverneur, den persönlichen Vertreter der Königin. Was dieser Gouverneur den ganzen Tag lang Bedeutsames tut, ist nicht so leicht zu übersehen. Auf der Insel gibt es keine Industrie, ein bißchen Landwirtschaft nur für den eigenen Bedarf; der Verkauf von Briefmarken wird in der »Encyclopaedia Britannica« besonders hervorgehoben – ein königlicher Service für Sammler in aller Welt, die sich für das Besondere interessieren. Von Kaigebühren und Zöllen ist da noch die Rede. Aber welches Schiff wirft schon Anker vor St. Helena? Früher einmal ist der Felsen vulkanischen Ursprungs ein Zwischenstopp für Schiffe auf dem Weg nach Indien gewesen; spätestens mit der Eröffnung des Suezkanals 1869 war auch diese Zeit vorbei. Der Anbau von Hanf blieb noch bis in die sechziger Jahre dieses Jahrhunderts der bedeutsame Ertragszweig für die Insulaner. Dann verfielen die Preise auf dem Weltmarkt, die Nachfrage nach Bindfaden, Trossen und Postsäcken der alten Art ging rapide zurück.

Zwei Drittel des Haushalts für diese Kolonie kommt in Form von Subventionen vom fernen britischen Steuerzahler. Woher das restliche Drittel kommt, bleibt unklar. Es gibt einen Polizisten, und es gibt ein Gefängnis; aber selten geschieht irgend etwas Illegales, und das Gefängnis steht leer. Die Hauptstadt heißt Jamestown und besteht im wesentlichen aus einer Straße. Etwas außerhalb des Ortes liegt eine Kirche mit dem Namen »St. Paul's Cathedral«. Und dann gibt es dort noch Longwood, wo Napoleon starb.

Eine Frau im weißen Kleid mit breitkrempigem Sommerhut war in der Londoner Zeitung abgebildet. Sie hält die letzte Herberge des rastlosen Franzosen in pietätvoller Ordnung. Nur Besucher, um ihr Wirken zu bewundern, die gibt es kaum. Bei gleichmäßiger milder Wärme im Sommer wie im Winter schlummert St. Helena vor sich hin.

Alles ist da, was zum britischen Leben gehört: rote Briefkästen mit dem Wappen Ihrer Majestät, der Union Jack am Mast, die Perücke des Richters, ein Staatsanwalt, der Bobby mit seinem wunderschönen Helm, stets bereit, gegen Übeltäter einzuschreiten, gäbe es denn welche. Zum Gottesdienst in der anglikanischen Kirche erscheinen die Damen in ihren schönsten Hüten, für wohltätige Zwecke wird genäht und Kuchen gebacken. Es gibt den Pub, die Tea-time und eben Cricket ...

Auf einem Lavafelsen am Ende der Welt beim Cricketspiel zuzuschauen, im Rhythmus des mächtigen Atlantiks, das Anbranden des Bowlers gegen den Felsen des Batsman zu erleben, das muß der reinste Genuß eines britischen Lebens sein: nur noch Form und Tradition, Leben in einer festgefügten Art, keine Hektik, keine ablenkende Nützlichkeit. Die Frage nach dem Sinn des Lebens ist irgendwann im 17. Jahrhundert ein für allemal geregelt worden.

Napoleon, er hat es ja herausgefordert, ihm müssen seine letzten Jahre in der Totalität des Britentums nicht leicht gewesen sein. Und mir, als die Träume von St. Helena sich häuften, mir wurde schweren Herzens klar, daß es für einen Journalisten irgendwann einmal an der Zeit sein muß, das Königreich zu verlassen. Wäre ich noch ein paar Jahre geblieben, vielleicht hätte ich den Kern des britischen Wesens begriffen. Fraglich ist nur, ob ich meine tiefe Erkenntnis noch jemand außerhalb der britischen Lebenszonen hätte vermitteln und weiterreichen können.

Es kommt eben immer darauf an, aus welcher Sicht und von welcher Seite man die Welt betrachtet. Jene berühmte Schlagzeile, sie hat es ja irgendwann einmal wirklich gegeben, in einem strengen Winter, Eisschollen blockierten den Englischen Kanal. Als die Schiffahrt dann endlich zum Stillstand kam, meldete eine Londoner Zeitung in riesigen Lettern: »Eisgang im Kanal, Europa abgeschnitten!« Von London aus betrachtet – hatte die Zeitung durchaus recht.

Inzwischen wird neuerdings die Frage aufgeworfen, ob sich im Verhältnis der Briten zur Außenwelt grundlegend etwas ändert, wenn eines Tages der Tunnel zum Festland fertig ist. Technisch gesehen ist Großbritannien dann zwar immer noch von Wasser umgeben, aber man kann sich trockenen Fußes dorthin begeben. Die Briten sind – wenn auch nur durch eine Röhre – mit dem Rest der Welt verbunden und können es psychologisch nicht mehr so leicht verdrängen, eben doch Teil dieses Europa zu sein.

Die Idee mit dem Tunnel soll übrigens auch schon Napoleon als Plan in Auftrag gegeben haben. Der Korse tat es mit dem finsteren Hintergedanken, auf diese Art den jahrhundertelangen Feind möglicherweise doch noch unterwerfen zu können. Seitdem sind die seit Wilhelm dem Eroberer nicht mehr eroberten Briten mißtrauisch gegen solche Projekte. »Stellen Sie sich vor«, erzählte einmal eine nette ältere Dame dem Deutschen Fernsehen in die Kamera, »Hitler und seine Horden wären bei uns einfach aus der Erde gekrochen!« Sie wohnte nicht weit von der Küste in Kent, nicht so sicher auf Distanz von diesen Europäern wie wir in London. Und die Franzosen waren ihr noch heute besonders suspekt. In den modernen Jahrhunderten ist ein Kanalprojekt nach dem anderen gescheitert. Einmal fingen sie schon richtig an, zu graben, haben es sich dann aber doch noch überlegt, den Stollen wieder zugeschlossen und Europa in seiner Abgeschiedenheit belassen. Das war natürlich alles vor Margaret Thatcher. Was sie in die Hand nimmt, klappt.

Nun gut, die meisten Briten haben sich damit abgefunden, daß wieder einmal in Richtung Europa gegraben wird. Die Betreiber von Fähren sind verständlicherweise dagegen. Eine Stadt wie Dover, die von diesen Schiffsverbindungen lebt, wird wirtschaftlich hart getroffen. Aber da gibt es noch andere Argumente gegen den Kanal. Dem einen geht es wirklich um die Sache. Bei anderen ist es aber doch noch das Unbehagen, das die Tunnelgegner auf die Formel brachten: Großbritannien muß eine Insel bleiben!

Selbst Margaret Thatcher soll lange mit sich gerungen haben, ob es denn sinnvoll sei, den Warenstrom auf die Insel und von der Insel so voller Vertrauen auf diese eine Röhre zu verlagern. Solange dort alles funktioniert, müßten die meisten Fähren ihre Dienste einstellen. Wenn es dann plötzlich aber zu Staus und Stockungen kommt, was dann? Speziell die Idee, alle Menschen und Güter mit der Bahn durch die Röhre zu schicken, weckte in dieser Premierministerin den spontanen Gedanken: Wo Eisenbahnen sind, da gibt es auch Eisenbahnergewerkschaften, und wo es Gewerkschaften gibt, da wird auch gestreikt!

Eine andere Furcht hat die Veterinäre befallen: die Furcht vor dem Einschleppen von Tollwut und Maul- und Klauenseuche durch Ratten, die durch den Tunnel kriechen. In Großbritannien hat es solche Krankheiten und Seuchen schon lange nicht mehr gegeben. Und dies wiederum hatte zur Folge, daß das Vieh und die wilden Tiere der Insel über Generationen nie mit den Viren in Verbindung kamen und keine Immunität gegen sie aufbauen konnten. Was anderswo als kleiner, schnell eingedämmter Ausbruch überwunden werden kann, so fürchten einige britische Experten, könnte auf der bislang von diesen Seuchen verschonten Insel verheerende Folgen haben.

Bei langem Nachdenken findet man noch den einen oder anderen zusätzlichen Grund gegen einen Tunnel. Diejenigen, die sich instinktiv noch nicht damit abfinden können, setzen ihre stillen Hoffnungen vor allem auf das Gesetz der bisher ja stets gescheiterten Serie. Die meisten Untertanen Ihrer Majestät sind aber inzwischen einsichtsvolle, wenn auch leidenschaftslose Europäer geworden. Die Zeiten, als Isolation noch glanzvoll war, sind einfach vorbei.

Was bezeichnenderweise im Zusammenhang mit der Debatte über die Röhre unter dem Meer von uns Journalisten nie auf die gleiche kritisch-ironische Art ausgelotet wurde wie die Seelenlage der Briten, ist die Begeisterung auf der anderen Seite, in Frankreich. Dort ist die allgemeine Stimmung wohl so, daß niemand emotional etwas dagegen hat, einen Tunnel zur Insel der Briten zu graben. Aber auch in den nützlichen und positiven Aspekten läßt das Projekt die Franzosen ziemlich kalt. Sie fahren nicht annähernd so oft nach Großbritannien, wie die Briten nun einmal gezwungen sind, nach Frankreich oder durch Frankreich zu fahren. Sie fürchten da nichts, aber sie erhoffen auch nichts davon. Und so gesehen steht sich die Begeisterung auf beiden Seiten in nichts nach.

Es ist schon viel nachgedacht worden über die Frage, was eigentlich der Kern des britischen Wesens sei. Selbst Briten denken über diese Frage nach. Die meisten Antworten sind nicht sehr ernst – was schon wieder auf irgendeine Art sehr britisch ist. Dann kommen Charakterbeschreibungen wie »Fairneß« und »Common sense«, gesunder Menschenverstand und Pragmatismus, Tradition, Liebe zu Tieren und Leidenschaft für den Garten, Gelassenheit und wilde Streiks, sich nie über das Essen beschweren, Instinkt statt kalter Logik, dann eben Cricket ...

Im Grunde produzieren alle diese hilflosen Versuche zur Definition dessen, was britisch ist, nie etwas Verbindlich-Prägnantes, nichts Kurzes, Knappes, Einleuchtendes. Wahrscheinlich ist auch die Frage schon überflüssig, sinnlos und letztlich unbritisch auf eine bläßlich-theoretische Art. Einer, ich weiß leider nur nicht mehr, wer, hat es nach einer langen, verschlungenen Analyse schließlich doch auf eine kurze Formel gebracht: Britisch sein heiße nichtfranzösisch sein! Und damit ist nun endlich alles klar.

Fred Dibnah
und die industrielle Revolution

Es ist schwer zu beschreiben, was das Besondere an Fred Dibnah ist. Als ich ihn das erste Mal im britischen Fernsehen sah, habe ich eine halbe Stunde lang überhaupt nicht begriffen, worum es eigentlich ging. Was war die Botschaft, was war der soziale Wert der Sendung? Ich ertappte mich beim willenlosen Schauen. Irgend etwas an diesem Mann faszinierte, schwer zu sagen, was.

Überhaupt sendet die BBC manchmal Programme, zu deren vollem Genuß uns Deutschen einfach die seelische Ruhe fehlt. Den Wettbewerb im Schafehüten zum Beispiel, einen Cricket-Länderkampf gegen Pakistan den ganzen Sommer lang, das Spiel nimmt überhaupt kein Ende. Und dann in den langen Winternächten Snooker. Dies ist eine Abart aus der großen Familie des Billardspiels, die Millionen bis weit über Mitternacht vor dem Fernseher hält. Auf den ersten Blick ist es ein biederes Geklicker mit bunten Kugeln, das aber – wenn man nicht aufpaßt – zur Sucht werden kann. Hat es einen einmal erwischt, starrt und starrt man abends auf den Schirm, faßt irgendwann den mannhaften Entschluß, endlich auszuschalten, schiebt nur den Zeitpunkt immer noch einmal um fünf Minuten hinaus. Und so geht das, bis die Sendung schließlich zu Ende ist.

Also Fred ist ein untersetzter Mann mit rundem Gesicht und Brille. Er wirkt älter als seine fünfzig Jahre, nicht alt, aber doch ein bißchen ausgewaschen vom Leben. Auf dem Fernsehschirm trägt er meist irgendeinen grauen, öligen Arbeitsanzug; mal ist er mit, mal ohne Bierglas in der Hand. Die Kappe, die schlappige, runde Mütze des englischen Nordens, ist so etwas wie das Markenzeichen dieses seltsamen Helden einer Fernsehserie unter dem schlichten Titel »Fred«. Er singt nicht, repräsentiert keine Gruppe und wird auch von keiner Partei gefördert. Und doch redet Fred Dibnah beinahe schon regelmäßig über das Fernsehen zur Nation – über alles und jeden, vor allem über sich selbst. Im Grunde nimmt er im britischen Fernsehen eine Rolle ein, die – in aller Bescheidenheit – der Faszination der königlichen Familie vergleichbar ist. Auch sie ist ja eine britische Familie, die aus irgendeinem Grund immer wieder im Fernsehen erscheint. Die Windsors wie die Dibnahs, sie haben durch eine Laune des Schicksals gemein, ihr Privatleben, ihre ganz normale Alltäglichkeit vor einer breiten Öffentlichkeit auszuleben. Jedermann darf Anteil nehmen, sich damit unterhalten, eine Meinung haben, ob nun ein grüblerischer Prinz die passende Frau geheiratet hat oder ob Fred Dibnah es nicht mit seinen Hobbies etwas übertreibt und darüber sein Familienleben vernachlässigt. Hier haben sich also die Fernsehleute einmal nichts Künstliches oder Übertriebenes ausgedacht. Richtige, wirkliche Familien flimmern als elektronische Schatten durch die Wohnzimmer der Nation. Wer sie mag, schaut ihnen beim Leben zu, die Phantasie von Millionen hat ihre Anziehpuppen.

Freds Beruf ist ein bißchen ausgefallen, und doch arbeitet er in einem Bereich, der mit der industriellen Geschichte des Landes fast symbolhaft verbunden ist. Er ist ein Steeplejack. Das ist einer jener tollkühnen Männer, die in großen Höhen schwierige Arbeiten ausüben, den Kirchturm reparieren oder auf jenen schlanken, roten Fabrikschornsteinen herumklettern, von denen es in Freds Heimatstadt Bolton noch überraschend viele gibt. Klar, nicht mehr so viele wie einst im großen Dampfzeitalter der britischen Industrie, aber es sind noch erheblich mehr stehengeblieben als in jeder deutschen Stadt mit einer vergleichbaren Industriegeschichte. Die Schornsteine, die meisten dieser Überbleibsel aus einer versunkenen großen Zeit, sie rauchen nicht mehr. Das ist für die Leute in und um Bolton einerseits schön, andererseits ist es ihr großer Kummer.

Von Zeit zu Zeit bekommt Fred den Auftrag, einen dieser Dinosaurier niederzureißen. Das ist aufregend und wehmutsvoll anzuschauen. Hunderte von Zuschauern werden jedesmal angelockt. Polizisten müssen die Kinder aus jenem gefährlichen Sektor heraushalten, in den der Schornstein später stürzen wird. Ja, und das Fernsehen ist immer wieder dabei. Wenn es nicht die Leute von der BBC sind, dann kommen die Pilger mit den Kameras aus Kanada, aus Deutschland oder aus Australien.

Fred erklärt ihnen immer vorher wie ein General die Lage. Und die Lage ist, daß die »Park«-Textilfabrik in der Gasgell Street oder das Tonröhrenwerk von »Pickups« längst eine industrielle Abfallhalde geworden ist, wie das die Leute in und um Bolton nennen, daß endlich doch jemand dort Wohnblocks bauen will oder Parkplätze, in seltenen Fällen sogar einen neuen Betrieb und daß wieder einmal ein Schornstein, der schon jahrzehntelang kalt und nutzlos herumstand, auf würdige Art gefällt werden muß. Die einfachste, grausamste Art, dies zu vollstrecken, wäre »bloody dynamite«. Ein Knopfdruck, rums!, da liegt er. Fred hat aber alle potentiellen Kunden der Gegend davon überzeugen können, daß auch ein Schornstein eine Seele und somit

Anspruch auf ein würdiges Ende hat. Feuer und Dampf sind sein Leben gewesen, und Feuer und Dampf verdient ein Schornstein, wenn seine Zeit gekommen ist.

Das Verfahren Dibnah besteht darin, die siebzig, achtzig Meter hohen Kolosse an ihrem Sockel mit einem Preßlufthammer aufzuschlagen – und zwar an jener Seite, auf die der Schornstein fallen soll. Das Loch am Sockel wird dann durch Holzflöze wieder gefüllt. Schließlich packt Fred den Schornstein unten mit alten Balken und Autoreifen voll, gießt Benzin darüber und zündet das Feuer an. Der Sockel birst, der Koloß zerlegt sich in Tausende von Ziegelsteinen, schon bevor er auf den Boden schlägt. Das heißt: das Anzünden, diesen etwas feierlichen Akt, hat immer Alison vorgenommen. Das ist Freds Frau. Über Alison, über die Frau im Leben eines Steeplejack, müssen wir noch reden, denn das ist ein besonders kompliziertes Kapitel, wie auch das Fernsehen in speziellen Folgen ausführlich dargestellt hat.

Bleiben wir zunächst beim Thema Schornstein. Immer, wenn Fred wieder eins dieser Bauwerke aus Boltons großer Zeit gestürzt hat, gehen der Steeplejack und sein Publikum in den Pub. Auch dies ist im Stil, in der Tradition und der Würde einer Beerdigung, des Abschieds von jemand, der einem nahestand. Denn es ist die Tragik im Leben des Fred Dibnah, daß er einem Förster gleicht, der einen Baum nach dem anderen in seinem Revier fallen sieht. Und keiner wächst nach. Der Wald der roten Türme wird kleiner und kleiner, und wenn der letzte Schornstein gefallen ist, gibt es für Fred in seiner Heimatstadt nichts mehr zu tun.

Es ist ein sentimentales Erlebnis, mit diesem Mann in einem Meer von Ziegelsteinen zu stehen, ihm zuzuhören, wenn er um sich schaut und die letzten Schornsteine zählt. Dann erzählt er von Bolton, wie es früher einmal war, der ganzen Gegend dort mit Manchester als der Metropole, dem Zentrum nicht nur der britischen Industrie, dem Zentrum und der Wiege der Industrie überhaupt.

»The thing is ...« pflegt Fred immer zu sagen, bevor er sich in einen Gedanken vertieft, und dabei kratzt er sich meist am Kopf und schiebt seine ölige Mütze von einer Seite auf die andere. Und die Sache mit den Schornsteinen, mit Bolton, Manchester und all den anderen Städten in Englands Norden ist nun einmal so, daß die Lage verzweifelt ist. Es ist ja nicht nur die Zahl der Arbeitslosen, die hier so deutlich höher liegt als im englischen Süden. Na ja, und Schornsteine, gut, deren Zeit ist eben vorbei! Was einen Mann wie Fred Dibnah so tief deprimiert, ist ein Gefühl von Ratlosigkeit, Hilflosigkeit, des total verlorengegangenen Glaubens, daß hier in absehbarer Zeit irgend jemand mal eine Idee haben könnte, wie der englische Norden, die Geburtsstätte der modernen Industrien, mit neuem Elan und mit neuem Optimismus zu neuer Blüte erweckt werden könnte.

Fred, wie gesagt, ist kein Mann mit parteipolitischen Vorurteilen. An Margaret Thatcher zum Beispiel findet er einige ihrer rigorosen Rezepte und resoluten Eigenschaften durchaus in Ordnung. Und doch bezweifelt er zutiefst, daß irgendein Politiker in London wirklich weiß, wie man Bolton und den ganzen Großraum von Manchester in eine neue, lohnende Zukunft führen könnte.

Die stolze Vergangenheit, so erinnert sich Fred und blickt dabei traurig auf die Abbruchhalde einer vor hundert Jahren so dampfend erfolgreichen Textilfabrik; die »bloody industrial revolution« sei für den einfachen, arbeitenden Menschen ganz sicher auch nicht der Himmel auf Erden gewesen. Aber es geschah doch etwas in Bolton. Wo der Rauch der Schornsteine die Sonne verdunkelte, wenn sie denn schon mal schien, wo Dreck war, da war auch Hoffnung! Ganze Familien haben damals geschuftet, Kinder mußten in die Fabrik, und oft kam nichts dabei heraus als die Schwindsucht oder eine Lungenentzündung. Heute, meint Fred, gehe es den Menschen in Bolton gewiß besser als damals vor hundert Jahren. Tapeten in der Wohnung, wer kannte vor dreißig, vierzig Jahren schon Tapeten? Autos, Fernsehgeräte – all dies gebe es heute in Bolton genau wie in London und anderswo auf der Welt.

Das Problem ist, so wie Fred es sieht, »the thing is«, daß die Menschen früher etwas herstellten mit den Händen, etwas Sinnvolles taten, wußten, warum sie morgens aufstanden. Die, die heute arbeitslos sind, oder die »bloody bookkeepers«, wie Fred pauschal die neue Klasse jener Leute bezeichnet, die hinter Schreibtischen in immer größer werdenden Behörden, in Banken, Versicherungen und Maklerbüros ihren Tag verbringen, sie kennen die Freude nicht mehr, etwas entstehen zu sehen, den Stolz auf den Erfolg nach ersten Niederlagen.

Um diese Gedanken unter der öligen Kappe mit mehr Verständnis nachzuvollziehen, müssen wir noch über Freds Hobby reden: Dampfmaschinen. Fauchende, rußende, ölglänzende Symbole jener Zeit, die aus der Ratlosigkeit von heute so groß und verklärt erscheint.

Da wäre zunächst Freds Aveling & Porter, eine Dampfwalze, Baujahr 1910. Dies klingt sehr einleuchtend und klar, so wie die Geschichte von einem, der sich eine Segeljacht kauft oder eine wertvolle alte Geige. Fred Dibnah hat in diese Aveling & Porter vierzehn Jahre seines Lebens investiert, hat sie als Wrack, als Teil eines Wracks von einem Schrotthändler gekauft und in diesen vierzehn Jahren mit eigener Hand fahrbereit gemacht.

Er habe, so gesteht er heute offen und frei, in dieser Zeit mehr Geld für seine Dampfwalze ausgegeben als für seine Familie. Und mehr Zeit gewidmet hat er ihr auch. Ersatzteile, die sonst nirgendwo aufzutreiben waren, mußte er selbst schmieden. Allein schon die Werkzeuge und Kräne, um solch ein dreizehn Tonnen schweres Ungetüm instand zu setzen, hat er sich kaufen, basteln, von Schrotthalden zusammenhandeln müssen. Denn die Technik aus viktorianischer Zeit erfordert auch heute, zum Ende des 20. Jahrhunderts, viktorianische Fertigungsmethoden. Da kann kein Computer helfen, da gibt es keine Fertigteile. Mehr und mehr kam Fred Dibnah zu der Überzeugung, daß er selbst eigentlich ein Anachronismus sei, im falschen Jahrhundert auf die Welt gekommen.

Als ich Fred zum erstenmal traf, da rumpelte seine Dampfwalze bereits durch den Straßenverkehr von Bolton: im Anhänger Kohle – Durchschnittsverbrauch ein Zentner auf vier Kilometer – und die Familie. Die achtzig Gallonen Wasser, die das fauchende Gefährt zum Antrieb auf einer etwa zehn Kilometer langen Strecke verpufft, entnahm Fred meist den öffentlichen Hydranten.

Was mich damals schon sehr beeindruckt hat, war die Selbstverständlichkeit, mit der die Autofahrer in und um Bolton die schwarzen Qualm ausspeiende Walze in ihrer Mitte duldeten. Ein paar Kinder liefen dem Ungetüm hinterher, doch sonst wurde die Wahl eines solchen Fahrzeugs von jedermann als individuelle Note eines englischen Verkehrsteilnehmers, als Freiheit des Geschmacks honoriert. Kaum auszumalen, was deutsche Polizisten allein an Zulassungs- und Sicherheitszertifikaten von einem Dampfwalzenfahrer verlangen könnten. Schnell ist solch eine Aveling & Porter natürlich nicht: zwei Gänge, »slow« und »bloody slow«. Doch zweimal schon sind die dreizehn Tonnen an einem

Hang ins Rutschen gekommen. Beim zweitenmal wurde der Anhänger mit den Kohle- und Biervorräten arg zerschmettert. Glücklicherweise hat niemand darin gesessen.

Auf seinem Hof in Bolton in der Redcliffe Road hat Fred übrigens eine Werkstatt mit zwanzig sich drehenden Maschinen, alle zentral angetrieben durch Dampf, so wie auch in viktorianischer Zeit die Maschine unter dem großen Schornstein das zentrale Kraftwerk ganzer Fabriken war.

Eins hat Fred trotz aller Mühe nicht so recht in den Griff bekommen: seine Liebe für Alison, seine Frau, und seine Leidenschaft für Dampfmaschinen harmonisch zu koordinieren. Alison war seine Jugendliebe. Ihr Vater war dagegen gewesen, daß sie den jungen Mann mit den schon damals erkennbaren seltsamen Leidenschaften heiratete. Bei Nacht sind sie schließlich in einen Bus geklettert und haben im kleinen schottischen Grenzstädtchen Gretna Green die Ehe geschlossen. Die Dibnahs bekamen drei Töchter, und Alison lernte, die Dampfwalze zu fahren.

Der grundsätzliche Konflikt war wohl die ganzen achtzehn Jahre ihrer Ehe nur überdeckt, aber nie endgültig zum Guten geregelt worden: daß Frauen und Dampfmaschinen eine komplizierte Mischung, möglicherweise sogar Gegensätze sind. Schon immer wurde die Frage diskutiert, ob ein richtiger Dampfmaschinenmann überhaupt heiraten dürfe, ob er nicht wie ein Mönch ganz seiner Mission zu leben habe. Schon in viktorianischer Zeit, so weiß Fred sich heute zu erinnern, hätten die Fabrikbesitzer die großen Dampfkraftwerke stets nach ihren Frauen und ihren Töchtern getauft. Die Damen hätten dann wohl doch soviel Interesse aufgebracht, sich die fauchenden, riechenden Ungeheuer ihres Namens wenigstens einmal anzuschauen – zur Einweihung und Taufe, und hernach nie wieder!

Das Dreiecksverhältnis ging dann auch auseinander, wie es zu befürchten war. Eines Tages bekam ich eine Postkarte von Alison von der sonnigen griechischen Insel Rhodos: »Der erste Urlaub unseres Lebens, Gruß Alison und die Kinder!« Von Fred war nicht die Rede. Ein paar Wochen später meldeten die englischen Massenblätter, daß Fred, der Steeplejack der Nation, geschieden sei. »Es war einfach zuviel«, hatte Alison den Reportern erklärt, »das Leben muß doch noch anderes zu bieten haben als immer nur Kohle, Dampf und Öl!«

Fred bekam in den Wochen und Monaten darauf sehr viel Post von verständigen Damen. Sie alle versicherten dem einsamen Mann, Dampfmaschinen zu lieben. Und als ich ihn das letzte Mal besuchte, da war Fred gerade wieder frisch getraut. Sue, seine neue Frau, hatte er auf einer Rallye von Dampfmaschinenbastlern kennengelernt. Sue sagte, sie sei noch viel mehr in diese dampfenden Apparaturen vernarrt als Fred. »Eine Dampfmaschine«, so sprach sie mit leuchtenden Augen in unsere Kamera, »eine Dampfmaschine ist ein schönes Tier, ruhig in seinem Schuppen. Doch dann entzündet man ein Feuer, und sie erwacht zum Leben – kraftvoll und stark im Geruch nach Kohle und Öl. Wunderschön!«

Dies ist im Privatleben eines ungewöhnlichen Fernsehstars der vorerst letzte Stand. Ob's gutgeht oder schief ausläuft mit Sue an seiner Seite, die BBC sieht einen wichtigen Teil ihres öffentlichen Auftrags darin, die Nation über Fred auf dem laufenden zu halten. Warum gerade er? Nun, erstens ist die Fernsehkamera so objektiv auch wieder nicht. Den einen mag sie, und aus anderen macht sie sich einfach nichts, sosehr sie sich auch bemühen mögen. Fred ist gewiß keine Schönheit, und doch scheint er geradezu für das Fernsehen geboren. Ob Kameras auf ihn gerichtet sind oder nicht, er beherrscht die Szene auf eine ruhige, natürliche, überzeugend echte Art. Und zweitens rührt der Geruch von Dampf und viktorianischer Technik irgend etwas in der britischen Seele an, das moderne Technologie einfach nicht erreicht.

Trennen wir uns hier von Fred, aber bleiben wir noch in der Gegend, dort im englischen Norden, wo irgendwann eine neue, eine entscheidende Idee der Menschheitsentwicklung zuerst gedacht und zuerst in die Tat umgesetzt wurde. Ob es eine gute Idee gewesen ist oder ein Irrweg, darüber gingen damals und darüber gehen noch heute die Meinungen auseinander. Die einen nannten es die Geburt der Industrie und der modernen Wirtschaft, die anderen nannten es »Manchester-Kapitalismus«.

Das Jerusalem der Zukunft von gestern

Manchester – wie oft bin ich nach Manchester gepilgert, fasziniert und abgestoßen, vor allem aber verwirrt ... Zunächst einmal kann Manchester eine ganz normale Stadt sein: Einkaufszentren, Parkplatznot, Versicherungen, Banken, Behördenbauten – ja sogar Industrie. »Vergessen Sie nicht«, hatte mir ein Stadtplaner mahnend nach London geschrieben, »wir haben Seen rund um die Stadt, auf denen man windsurfen kann!« – »Sie haben«, schrieb mir nach meinem ersten längeren Film einer, der sich auskannte, »Sie haben die kulturelle Szene übersehen, das Theater, das berühmte Sinfonieorchester!« Und natürlich, sie hatten beide recht. Es ist auch gar nicht auszuschließen, daß ich – wie so viele aus der Zunft der Chronisten – nur meinen eigenen Vorurteilen hinterhergelaufen bin in dieser Stadt. Warum sonst Manchester, warum nicht viel öfter nach Edinburgh, das doch viel schöner ist?

Wahrscheinlich ist es Friedrich Engels gewesen, der den Ruf dieser Stadt so scharf und unerbittlich in alle blutenden Herzen der Erde gekerbt hat, so daß Manchester diesen üblen Leumund einfach nicht mehr loswerden konnte. Dort, wo Engels selbst einst wohnte, 1843/44, stehen heute bürgerlich-brave Reihenhäuser.

Nehmen wir den Zug von London nach Norden, der den Reisenden schnell und eigentlich auch einigermaßen pünktlich nach Manchester bringt. Meist, wenn man den Intercity nach knapp drei Stunden verläßt, ist es am Ziel ein paar Grad kälter geworden als bei der Abfahrt im Süden. Und unter Fernsehleuten erzählt man sich folgende Geschichte: Als in Großbritannien neben dem Fernsehen der BBC das erste private Programm zugelassen wurde, ein Zusammenschluß mehrerer regionaler Anstalten, da habe die ins Fernsehen strebende Firmengruppe »Granada« bei den Meteorologen Auskunft gesucht, wo in den stark bevölkerten Ecken des Königreichs der meiste Regen falle. Die Leute von »Granada« seien davon ausgegangen: Wo es viel regnet, sitzen die Menschen täglich länger vor dem Fernsehschirm. Na ja, Sie ahnen es schon, um welche Lizenz sich »Granada« dann erfolgreich bewarb.

Angekommen in Manchester, führt der Weg vom Piccadilly-Bahnhof direkt ins Zentrum der Stadt. Dies heißt auch Piccadilly und besteht aus einem Park, Bushaltestellen, Hotels und Geschäften. Was auffällt auf dem kurzen Gang zu Fuß, sind rote Backsteinbauten, mal an der Hauptstraße selbst, mal durchschimmernd aus den Nebenstraßen. Diese alten Gebäude sehen auf den ersten Blick viel charmanter aus als die neuen aus grauem Beton, doch so recht genutzt erscheinen sie nicht – mal Lagerraum, mal unten ein Laden und in den oberen Stockwerken stumpfe oder zerbrochene Fenster.

Rechter Hand, etwa zweihundert Meter hinter dem Bahnhof und zweihundert Meter vor dem Zentrum der Stadt, reiht sich ein viktorianischer Bau an den nächsten, ein ganzes Viertel alter Lagerhäuser und Kontore. Die Straßenzüge sind ausgefüllt von »Cash and carry«-Läden, von Textilhandlungen mit indischen und pakistanischen Namensschildern. Dem Wanderer durch diese asiatisch-englische Kulisse wird es schwer, sich vorzustellen, daß Manchester einst die Hochburg der Textilindustrie gewesen sei – nicht nur der Industrie des Britischen Empires, sondern der Welt überhaupt. In alten Büchern aus dem 19. Jahrhundert ist zu lesen, daß Manchester und seine Umgebung – Städte wie Oldham und Rochdale, Bolton, die Heimat Fred Dibnahs –, daß der englische Norden aufgrund der technischen Entwicklung und des hohen Ausbildungsstandes seiner Menschen dem Rest der Welt um Klassen überlegen war. Die Qualität englischer Textilien war unübertroffen, so daß Kaufleute von überall in Europa – von Deutschland beispielsweise – wie die Bittsteller nach Manchester zogen, um von den Baronen einer konkurrenzlos marktbeherrschenden Industrie überhaupt beliefert zu werden. Heute hat das Herz des Empires kaum noch eine Chance im Wettbewerb mit seinen früheren Kolonien. Das Problem ist nicht nur, daß die »Cash and carry«-Moden der asiatischen Händler billiger sind als die heimischen Produkte. Oft sind sie auch attraktiver und qualitativ besser.

Von den Fabriken, die einst den Reichtum brachten, liegen viele noch heute so da wie im vorigen Jahrhundert – als die ersten Firmen pleite gingen. In Anscoat zum Beispiel, einem Stadtteil kaum einen Kilometer vom Zentrum Manchesters entfernt, sieht es aus wie am Ende eines großen Krieges, wie zur Stunde Null. Und niemand hat so recht eine Idee, wie und womit dies alles wiederzubeleben wäre. Durch die toten Straßen über die riesigen Areale der verödeten Industrie von einst schwebt ein seltsamer Zauber, jener Charme und jene Schwermut des Zerfalls, des Himmelstürmens von gestern.

Die Dimension von Schmutz, Krach und Gestank, die

einst diese robusten Gebäude mit Leben füllten, ist heute kaum noch vorstellbar. Man wandert wie ein Archäologe der Industriegeschichte durch die Landschaft, wie Touristen durch Pompeji schlendern. Wie mit einer Zeitmaschine zurückversetzt in diese Kulisse, versucht man sich vorzustellen, daß hinter jenen toten Mauern der Rausch des Fortschritts einst die Menschen trieb. Schier grenzenlos muß den Fabrikherren von damals die Leistungskraft der Technik erschienen sein. Fast täglich wurde etwas neu erfunden, der Himmel des Fortschritts war offen. Wahre Oden schrieben die Poeten der viktorianischen Zeit an die Industrie. Zum Beispiel diese Verse: »England! Alles ist jung, intelligent und voller Energie. Wer könnte sich denn nur vorstellen, daß es je einen anderen Teil dieser Welt geben kann, der in der Lage wäre, englischen Wohlstand und englische Schaffenskraft zu übertreffen ...«

Von der Kehrseite jener Euphorie haben wir ja schon gesprochen, in den Trümmern einer dieser Fabriken in Bolton. »The thing is ...« hatte Fred Dibnah gesagt, nachdem er den Schornstein der alten Park Mill in der Gasgell Street zum Einsturz gebracht hatte, »die einfachen Menschen damals hatten ein rauhes Leben!« Charles Dickens, der Reiseschriftsteller Tocqueville und Friedrich Engels natürlich, sie alle haben es damals viel drastischer ausgedrückt. Die Zeitgenossen mit dem sozialen Gewissen schrieben von Manchester als der »Hölle auf Erden«, der Stadt, in der der Mensch sich wieder zurückverwandelt habe zum Barbaren. Bauern aus den umliegenden Dörfern zog es zu Zehntausenden in das Zentrum der Industrie, so wie heute die Menschen in armen Ländern Afrikas und Asiens in die überfüllten Hauptstädte strömen. Arbeitskraft war eine Ware, ein Kostenfaktor der Produktion, der mit Hilfe der Maschine niedrig zu halten war. Denn Manchester war damals mehr als eine Konzentration von Fabriken: Manchester war eine Idee. Zwei Männer hatten hier die Vision, die Stadt solle zum »Jerusalem« eines neuen Zeitalters werden. Der Choral vom Wiederaufbau der zerstörten Urstätten der Christenheit auf Englands grünen Wiesen, das kraftvolle Lied »Jerusalem«, hat dieser uralten Vision des Inselreiches damals wie heute musikalische und seelische Form gegeben.

Das »Jerusalem« der – wie sie sich nannte – »Manchester School« ist auch heute noch nicht so ganz aus der Mode gekommen. Der Glaube an den Fortschritt durch Industrie, an das immer billigere Produzieren zum Wohle aller Menschen durch gnadenlose, ungebremste Konkurrenz. Richard Cobden und John Bright waren die Lehrmeister der Manchester Schule, deren Ideale von ihren Gegnern gern auf eine zu simple Weise mit den Interessen des Adels und der besitzenden Oberschicht gleichgesetzt worden sind. Cobden und Bright – und auf irgendeine Weise erinnern sie so verblüffend an Margaret Thatcher heute – waren überzeugt von der Aristokratie und Allmacht des Geldes. Wenn Geld sich frei und unkontrolliert durch den Eingriff von Regierungen bewegen kann, wenn Fabrikanten und Unternehmer reich werden können, dann ist in der Folge dieser Freiheit auch der Reichtum aller Menschen unausweichlich! Leidenschaftlich waren sie gegen alles, was den Handel durcheinanderbringt. Sie waren gegen Kriege, gegen Zölle, gegen hohe Steuern. Wenn, so argumentierten sie, zum Beispiel hohe Einfuhrzölle den Getreidepreis in die Höhe treiben, dann fordern die Industriearbeiter zwangsläufig höhere Löhne. Sie müssen ja mehr für ihr Brot bezahlen. Höhere Löhne treiben dann wiederum den Preis der Industrieprodukte in die Höhe, und das schadet letztlich allen. Sogar dem Staat, weil er zwar Zoll auf Getreide, aber erheblich weniger Steuern einnimmt. Die Industrie sich selbst und ihren eigenen Gesetzen zu überlassen, darin sah die Manchester-School den Weg zum Wiederaufbau Jerusalems auf Englands grünen, wundervollen Wiesen.

Es wäre zu aufwendig, die Triumphe dieses Konzepts alle aufzuzählen, seine Sternstunden, die vielen technischen Erfindungen vor allem, die von Manchester ausgegangen sind. Die erste Eisenbahnlinie der Welt hat hier im September 1830 ihren Betrieb aufgenommen: von Manchester nach Liverpool in zwei Stunden. Das dampfende Ungetüm erreichte eine Geschwindigkeit von vierzig Stundenkilometern, den Damen wurde schwindelig. Nach Deutschland zum Beispiel ist die Eisenbahn erst vier Jahre später gekommen – Deutschland war damals eine technologische Provinz.

Mit dem Ende der Dampfmaschine war die große Zeit der britischen Industrie noch nicht vorbei. Immer wieder gab es eine neue Chance ... Vielleicht kommt ja noch mal eine, nur wann? Der erste Computer der Welt wurde 1948 in Manchester entwickelt. Professor Tom Kilburn hat ihn erfunden und taufte den Vorfahren einer neuen technologischen Generation »Mark One«. Noch 1960 beherrschte die britische Industrie mit einem Anteil von neunzig Prozent den Weltmarkt solcher Computer. Doch irgendwann verlor die Nation, so reich an Erfindergeist, ganz einfach das Interesse an der eigenen Schöpfung. Die Computer wurden immer kleiner, leistungsfähiger und billiger. Amerikaner, auch Deutsche und schließlich die Japaner entwickelten die Computertechnologie weiter, produzierten – wenn schon nicht mit britischem Genie, so doch mit Unermüdlichkeit – und machten das Geschäft mit dem, was in Manchester geboren wurde. Den Briten, so scheint es, ist die eintönige Streberei an einer einmal erfundenen Sache schließlich zu langweilig geworden. Es ist nicht mehr wichtig, herauszufinden, welchen Bruchteil am internationalen Markt für Computer Großbritannien und die Geburtsstadt dieser Technik heute noch haben. Schon wieder endete die Geschichte einer technischen Revolution als die Geschichte einer verpaßten Chance.

Manchester und seine Vision – was ist daraus geworden? Im Grunde ist etwas passiert, das mit dem Denken der Manchester School völlig im Einklang steht. Andere produzierten besser und billiger als das einst so überlegene England, und das Gesetz des freien Handels – ungebremst und gnadenlos – hat das eigene »Jerusalem« vom Sockel gestürzt.

Doch Friedrich Engels, der kritische Besucher dieser Stadt, er hatte auch nur teilweise recht mit seinen Visionen. Der Mann, der Manchester zum Symbol aller Scheußlichkeiten des Kapitalismus machte, ging unbeirrt und felsenfest davon aus, daß die Konzentration von Dampfmaschinen und massenhaftem Elend die neu entstandene Klasse des Industrieproletariats zwangsläufig zur Revolution antreiben müsse. Revolutionen hat es inzwischen viele gegeben auf dieser Welt. England, das dem Denkgebäude von Karl Marx und Friedrich Engels am nächsten stand und das ihm in vielem so beharrlich verbunden blieb, England erwies sich als gegen Revolutionen immun!

Vom Alten und Schönen und der reißenden Strömung des Geldes

Nach so viel Dampf und Technik kann es nicht schaden, Ihnen nun Henry Sandon vorzustellen. Es ist ein ganz besonderes Vergnügen, ihm am Tisch gegenüberzusitzen, seine lachenden Augen, sein pausbäckiges Gesicht zu betrachten. Mich erinnert er – tut mir leid, daß meine Phantasie manchmal so seltsame Wege geht –, mir kommt Henry Sandon so vor wie ein weises, gutgelauntes Kaninchen. Zart, geradezu liebevoll, pflegt er Teller, Tassen und Vasen in seinen Händen zu drehen, mal nimmt er seine Brille ab, dann setzt er sie wieder auf und erzählt dabei so viel Englisches, Beruhigendes und Interessantes. Von Edward, von George und William und Mary weiß er Geschichten. Denn George und William und all die anderen sind englische Könige, die nicht nur durch ihre Schlachten und sonstige historische Taten der Menschheit unvergeßlich sind; sie sind dem fachkundigen Publikum bis heute Wegweiser geblieben durch die faszinierende Welt der Antiquitäten. Eine Uhr aus den Zeiten der Königin Viktoria ist »Victorian«, Möbel aus der Serie des Hannoveraners Georg sind »Georgian«, na und so weiter.
Henry Sandon hat nun dieses besondere erzählerische Talent, am Beispiel einer alten Tasse oder einer Soßenschüssel

Englands reiche und verwirrende Geschichte so recht zum Anfassen lebendig werden zu lassen. Und wenn es darum geht, Porzellan aus Worcestershire zu bestimmen – Manufaktur, welche Periode, Höhe und Auflage, Seltenheit der Serie –, dann kann man wohl ohne Übertreibung sagen: Nach ihm kommt erst einmal für eine ganze Weile nichts.

Mindestens einmal im Monat ist Sandon auf Reisen. Dann zieht er durch irgendwelche Städtchen der Provinz, gemeinsam mit sechs oder acht anderen Experten. Das Ganze ist die »Antiques Road Show« der BBC, eine Karawane von fünfzig Fernsehleuten mit ihren Übertragungswagen, Kabeln und Überstundenvorschriften, die auf der Suche nach noch unentdeckten Schätzen durch die Lande rollt. Wo immer diese Karawane haltmacht auf der Strecke, ist dies das Signal für ein ganz besonderes Spektakel. Zu Tausenden, in Marschkolonnen, von allen Seiten strömen die Menschen herbei – mit Körben, Koffern, Plastiktüten, mit Autos und mit Kinderwagen, mit den merkwürdigsten Lasten und Paketen. Sie alle kommen und schleppen herbei, um sich von den ersten Experten im Lande endlich einmal erklären zu lassen, was das für eine Uhr, für ein Säbel, für ein Bild, für ein hölzerner Engel ist, den irgendein Vorfahr von irgendwoher einmal ins Haus gebracht haben muß und der da nun Generation um Generation überlebte, der – ob man ihn schön fand oder nicht – einfach ein Teil der Familie geworden ist.

Also, man kann natürlich im wissenschaftlichen Umgang mit alten Stücken eine der ganz zentralen Fragen auf ein einziges Wort verkürzen. Da käme dann jemand, stellte dem Experten eine silberne Zuckerdose auf den Tisch und fragte brutal: »Wieviel?« Und der Experte würde dann antworten: »Sechshundert Pfund!« Aber ehrlich gesagt, eine derart barbarische Unterhaltung würde den ganzen Spaß, die ganze

Würde der englischen Geschichte auf eiskalte Weise zerstören. So – wir erinnern uns – wie auch Fred Dibnah aus Bolton Fabrikschornsteine aus viktorianischer Zeit nie mit Dynamit zum Einsturz bringen könnte, erfordert eben jeder Umgang mit dem Alten und Schönen Pietät. Wenn jemand mit einer Tasse aus Worcestershire zu Henry Sandon kommt, dann beobachtet die Fernsehkamera der BBC zunächst einmal, wie er oder sie umständlich und bedeutungsvoll etwas auspackt und es dann feierlich vor den Experten auf den Tisch stellt. Es folgt die Geschichte, und es ist meist eine sehr lange Geschichte. Der Zuschauer später am Fernsehschirm wird ohne die Hektik der kurzen Schnitte ganz genau darüber informiert, wo im Hause das gute Stück immer gestanden hat, was Großvater oder Urgroßvater übereinstimmend oder manchmal auch abweichend voneinander für Theorien über die Herkunft hatten. Henry Sandon zum Beispiel saugt solche Geschichten aus den Menschen heraus wie ein entzückter Beichtvater – wäre es denn einem Beichtvater gestattet, lebhaft Begeisterung zu zeigen an den besonders interessanten Fällen von Sünde.

Dieser, der familiengeschichtliche Teil ist eigentlich für die wallfahrenden Massen zur »Antiques Road Show« das zentrale Erlebnis. Das heißt nicht, daß die andere Frage, die nach dem »Wieviel« so völlig übergangen würde. Ein wesentlicher Grund, daß beispielsweise die großen Auktionshäuser Londons auf eine verdächtig selbstlose Weise ihre Experten für diese Veranstaltung zur Verfügung stellen, ist natürlich, die Phantasie der Menschen vor Ort wie auch der vielen Zuschauer daheim anzuregen, ihnen also zu demonstrieren, daß es sich durchaus lohnen könnte, mal auf dem Boden oder im Keller herumzukramen und die Funde dann irgendwo kostenlos schätzen zu lassen. Henry Sandon kommt auf diesen bis zum Schluß vornehm verdrängten Punkt meist mit der beiläufigen, unverletzenden Formulierung: »Ich an Ihrer Stelle würde das Stück für dreihundert Pfund versichern.« Andere Experten formulieren schon leicht am Rande der Pietät: »Die Amerikaner sind auf so etwas neuerdings ganz wild. Bei Sotheby's an einem guten Tag kann das durchaus eintausend Pfund einbringen.« Aber natürlich steht das Gespräch an diesem kritischen Punkt auf allen Seiten im Einvernehmen, daß Geld auf dieser Erde einen ziemlich zweifelhaften Wert darstellt, Geschichte dagegen und Porzellan das einzig Bleibende und Wahre.

Gut, es gibt da auch die Ausnahme, den Triumph des Profanen. Als wir für die Sendung »Rund um Big Ben« im Städtchen Barnstaple in Devon die langen Reihen filmten, die vor der Tür der »Antiques Road Show« auf das Urteil der Experten warteten, zeigte jeder gern den neugierigen Fremden, was im Wäschekorb, in Taschen und Tüten steckte. Da war dann auch die Familie Walker in der langen Reihe. Er ist Fahrer bei einer Firma. Die Walkers schälten ein Bild aus dickem braunem Packpapier, das Mr. Walker ganz eindeutig nicht sehr gefiel. Es hatte zwar schon immer in der Diele gehangen, doch da der Maler demnächst das ganze Haus neu streichen sollte, wollte er nunmehr die Bestätigung eines Experten, daß der alte Schinken von Gemälde nichts wert sei und endlich raus könne zu anderem Krempel in die Garage. Sie war da nicht so sicher. Das Bild stellte eine Karawane beim Rasten in der Wüste dar, Lagerfeuer scheinen auf die Kamele, seltsam übertrieben glänzen die Sterne.

Drinnen der Experte reagierte nervös auf Mr. Walkers Karawane, lief weg, kam wieder, zog seinen Kollegen zu Rat, sprach mit dem Regisseur der BBC. Er sei nicht sicher, hörten wir ihn dem Fernsehmann sagen, doch vorsichtshalber sollten die Kameras von dem Bild mit dem seltsamen Sternenhimmel einige Aufnahmen machen. Ganz sicher war der Experte erst ein paar Tage später, als er wieder bei seinen Katalogen in London war: »Halt der Karawane in der Wüste«, ein Maler namens Richard Dadd, später verrückt geworden, Wert der Wüstenkarawane auf dem Kunstmarkt mindestens vierhunderttausend Mark. Mr. Walker hat auch prompt für diesen Preis verkauft. Wie gesagt, ihm hatte das Bild ja ohnehin nicht gefallen.

Der Normalfall ist diese Geschichte eben doch nicht bei den wandernden Antiquitäten-Plaudereien der BBC. Henry Sandon, der Welt führender Experte für Worcester-Porzellan, sagt eher häufig als selten, daß diese Tasse oder jene Vase in Geld ausgedrückt wohl kaum zehn Pfund wert sei. Doch dabei hält er das gute Stück so liebevoll gegen das Licht und versichert mit diesem wonnigen Strahlen, das ihm so leicht keiner nachmachen kann: Einen so herrlichen Krempel, ein so prachtvolles Exemplar von billigem Porzellan habe er – in dieser besonderen Ausführung jedenfalls – schon lange nicht mehr gesehen ... Und ein Mensch, dem dieses besondere Stück gehört, geht glücklich und beseelt nach Hause.

Es ist, um eine ernstere Seite des Themas abzuhandeln, ein trauriger Umstand, an dem die Nation stumm leidet, daß der Strom des Reichtums und Erfolgs anderer Länder auch die Antiquitäten und Kunstschätze aufsaugt und mit sich in die Fremde reißt. In so vielen Läden des europäischen Kontinents werden ja die Wörter »Antiquität« und »Englisch« dahingesprochen, als bedeute beides automatisch das gleiche. Denn Kunstfreunden und Geldanlegern in Japan, Deutschland und Amerika ist schon seit langem klar, daß die Briten mit den Schätzen ihrer Vergangenheit sorgsamer umgegangen sind als andere Nationen. Sie haben in den letzten neunhundert Jahren alle fremden Heere von ihrer Insel fernhalten können, die anderswo in Europa immer wieder plündernd und brandschatzend hin und her gezogen sind oder – was noch verheerender war –, die sich untereinander derart in Glaubenskriege stürzten, daß jeder des anderen Bücher, Bilder und Mobiliar mit einem Eifer zerstörte, als wäre es der Hausrat des Teufels. Andererseits bedeutet aber eine ständige Versorgung der Welt mit Antiquitäten eben auch, daß andere Länder wohlhabender geworden sind und kaufen und daß England mißlicher Umstände halber verkauft.

Daß Antiquitäten stets den wechselnden Strömungen des Wohlstands folgen, hat in früheren Jahrhunderten England reich an Schätzen anderer gemacht. Ganze Zimmer in britischen Herrenhäuser sind noch heute mit kostbaren Möbeln aus Frankreich ausgestattet, die nach der Französischen Revolution zu Schleuderpreisen zu haben waren. Schon früher im 18. Jahrhundert war großer Ausverkauf in Italien. Der preußische Reiseschriftsteller Archenholtz, der beide Länder um 1770 bereiste, klagte in jenen Tagen: »Viele Meisterstücke der Maler- und Bildhauerkunst, durch die Macht des englischen Goldes erstanden, deren Verlust Italien unaufhörlich beklagt, haben in englischen Landhäusern ihr Grab gefunden!« Und dabei stand zum Zeitpunkt dieser Klage der eigentliche Reichtum der Industriemacht England noch bevor. Das Britische Empire, in dem die Sonne nie untergehen sollte, ein Weltreich größer als das Imperium der Römer, war längst noch nicht an seine Grenzen gestoßen.

An dieser Stelle möchte ich Sie zu Bernhard Harrisson führen. Sein Buchladen in Belsize Village, nur einen Fußmarsch vom teueren Londoner Stadtteil Hampstead entfernt, ist ein bemerkenswerter Tempel der Literatur.

Also, zunächst hat Harrisson für seine Bücher zuwenig

Platz. Darüber jammert er ständig, und das sieht auch jeder Besucher sofort ein. In drei schmalen Schläuchen schlängelt man sich an deckenhohen Regalen vorbei. Das heißt, in zwei dieser Schluchten ist schon ziemlich bald auch der Fußboden so mit Büchern verstellt, daß man den Rest der Schätze weiter hinten sehen, ahnen, aber nicht erreichen kann. Da hilft auch keine Leiter, weil man sie irgendwo sicher hinstellen oder irgendwo stützen müßte. Sie gegen die Regale zu lehnen, davon rät Harrisson ab. Die Borde lassen durch den Staub hier und da schon ein paar zerbrochene Bretter und Streben erkennen. Und wer das Gewicht von bis zur Decke gestapelten Büchern realistisch einschätzen kann, der wird schnell mit dem Inhaber des Ladens einer Meinung sein, daß hier gewisse Grenzwerte der Belastung längst überschritten sind.

Einige Regale sind natürlich leichter erreichbar. Dazu muß man Mr. Harrisson nur bitten, samt seinem Stuhl mal woandershin zu rücken, oder man klettert über seinen Schreibtisch, der allerdings mit Katalogen ziemlich vollgepackt ist. Vor einige der Regalpartien tritt man schlicht und einfach hin und greift nach den Büchern. Und diese Bücher – die meisten jedenfalls – sind deutsch.

Es wäre natürlich langweilig, Regale voller deutscher Bücher zu beschreiben: Goethe und Brockhaus, Bismarck und Wielands unendliches Schaffen. Über all dieses ist mit dem alten Harrisson auch keine lohnende Unterhaltung zustande zu bringen. Man muß schon thematisch einsteigen in den Freundeskreis von Klabund oder das klagende Nachwort zu Heines »Romanzero«: »Sei getrost, theurer Leser, es giebt eine Fortdauer nach dem Tode, und in der anderen Welt werden die Grönländer auch ihre Seehunde wiederfinden.«

Selbstverständlich weiß der Hüter in dieser Gruft der deutschen Literatur sehr genau, daß die Erstausgabe mit dem

Datum 30. September 1851 die Anzeige von Hoffmann und Campe enthalten muß – um den hohen Preis zu rechtfertigen –, daß das »Bildniß« des langsam dahinsterbenden Dichters »nur auf festes Verlangen zugesendet« werde.

Ein Problem ist manchmal die Aussprache all dieser für den Briten doch ziemlich exotischen Namen. Und prinzipiell ist Bernhard Harrison auch nicht über die Leidenschaft am Lesen zu so vielen Büchern gekommen. Seinem Werdegang liegen britischer Instinkt und die Gesetze des freien Marktes zugrunde, daß irgendwo eine Witwe die Bibliothek ihres Mannes für zwanzig Pfund verkauft, weil es ihr schon immer so mühsam war, zwischen all den Wälzern den Staub zu wischen.

Leute wie Bernhard Harrisson finden für zwei, drei ziemlich unscheinbare, wasserfleckige Bücher den richtigen Kunden, der dreihundert-, siebenhundert Pfund dafür bezahlt. Der Rest sammelt nun bei ihm neuen Staub. Besondere Glücksfälle, wie einige Manuskripte Klabunds, die auf irgendwelchen Umwegen in Harrissons Regalen landeten, können dann schon mal dreitausend Pfund einbringen. Ein deutscher Röntgenologe starb in der Nähe von Belsize Village. Thomas Manns Sekretärin hat hier gewohnt, jüdische Emigranten haben sich um den Stadtteil Hampstead herum konzentriert, aus Deutschland geflüchtet und vertrieben. Sie hatten mitgenommen, was ihnen ganz besonders wertvoll war. Dazu gehörten eben auch ihre deutschen Bücher.

Es wäre natürlich ein schöner Traum, daß man bei Harrisson in den verstaubten Laden treten und eine Erstausgabe der »Buddenbrooks« für fünf Pfund erstehen könnte. Dazu kennt sich der Inhaber leider doch zu gut aus mit den Preisen. Aber wenn es auch Novellen sein dürfen aus der Feder des Olympiers aus Lübeck – »Unordnung und frühes Leid«, »Mario und der Zauberer«, »Herr und Hund« –, dann ist Belsize Village die richtige Adresse. Zweimal im Jahr läßt Harrisson seinen Laden einhüten und fährt mit einer Kofferladung seiner besten Stücke zu den Auktionshäusern in München und Hamburg.

Als ich das letzte Mal vor seinen Regalen stand, geduldig, aber gewiß, daß sich der Preis nach jedem seiner Ausflüge in die deutsche Kulturlandschaft leicht zu meinen Gunsten verändern würde, da schloß der Mann die für beide Seiten mit großem Gewinn geführten Verhandlungen mit den Worten: »Die Geschichte ist ein ewiges Auf und Ab. Jetzt holen sich die Deutschen ihre Bücher wieder!«

Diese Lektion hat die Welt inzwischen von den Briten gelernt: sorgsam umzugehen mit dem Alten. Die großen Wirtschaftszeitungen haben regelmäßig ihre Antiquitäten-Seite und registrieren die Bücher-, Bilder-, Möbel- oder Silberauktionen bei Christie's oder Sotheby's fast mit dem gleichen Respekt wie den Ölpreis.

Das Publikum in den ehrwürdigen Räumen in der Bond Street und der King's Road in London ist längst nicht mehr geprägt vom schrulligen Sammler. Mehr und mehr strömt eine neue Käuferschicht in die Auktionen, die zwar zur Stimmung des Alten und Schönen nicht allzuviel beiträgt, die aber die Preise und damit auch den Respekt vor der Antiquität erheblich in die Höhe treibt. Japaner sind darunter, Amerikaner und Deutsche, denen die Versteigerungs-Häuser auf der großen Anzeigetafel die schnell kletternden Gebote sofort in ihre heimatliche Währung übersetzen. Schon das international Einheitliche, Korrekte ihres Äußeren läßt klar erkennen, daß es nicht die Liebe zur Kunst oder die Ehrfurcht vor der Geschichte ist, die sie dazu treibt, zwanzig oder dreißig Millionen in ein Bild oder ein Buch zu investieren.

Die Korrektgekleideten repräsentieren Versicherungsgesellschaften, Banken oder Kaufhausketten, die nicht Erbauung suchen, sondern die krisenfeste Anlage für freigewordenes, noch richtungsloses Geld. Früher wären solche Gelder mit größerer Selbstverständlichkeit wieder in eine selbstsichere Wirtschaft zurückgewandert. Daß heute ein Bild von van Gogh, in dem der starre Blick des Kapitalanlegers eine Vase voller Blumen entdeckt, diese neue Käuferschicht in einen größeren Steigerungsrausch versetzen kann als die doch nie ganz sichere Aktie, sagt eben auch einiges aus über unsere Zeit, über die Richtung, in die sich die Welt bewegt. Es kann durchaus eine Richtung sein, die die englische Seele eines Tages besser zu ertasten und mit anderen Strömungen zu kombinieren vermag als die Nationen an der Spitze der heutigen, herkömmlichen Tüchtigkeit.

Die Briten und die Dusche

Und in diesem Sinne wird es nun Zeit, zum wirklich Wichtigen vorzudringen, zum Kern des britischen Wesens. Es geht um die Dusche. Zugegeben, diese Dusche war immer mein Problem. Ich dünkte mich als der einzige Mensch in einer Millionenstadt, der besessen und verzweifelt einem so nebensächlichen Gerät hinterherjagte und seiner Umwelt damit auf die Nerven ging. Wahrscheinlich habe ich mir diese Krankheit in Amerika zugezogen – wie überhaupt die meisten meiner Irrfahrten durch den britischen Alltag nicht auf die Sehnsüchte nach deutschem Brauchtum zurückzuführen sind, sondern schlicht auf eine Verwirrung zwischen England und Amerika.

Die Dusche in Amerika ist mehr als nur eine von vielen Formen, sich zu waschen. Es sagt schon einiges über den Charakter und das Temperament der Menschen aus, wenn sie sich morgens unter einen harten Strahl von Wasser stellen, erst heiß, dann eiskalt, einen richtigen Wasserfall, der den Menschen prügelt, kaum daß er aus dem Schlaf erwacht. Meist prusten diese Menschen dabei oder singen, und hinterher sind sie richtig stolz, welch hartgeschnitzte Typen sie sind. Mit diesem Gefühl stürzen sie sich dann in den Alltag. Also, man muß damit rechnen, daß die Hartgeduschten auch joggen oder sonstige selbstquälerischen Riten verrichten und daß das möglicherweise völlig übersteigerte Bild von sich selbst, das sie sich morgens unter der Dusche zugezogen haben, noch für eine ganze Reihe nützlicher oder auch völlig sinnloser Ausbrüche von Energie im Laufe des Tages verantwortlich ist.

Wenn zum Beispiel jemand, der morgens die Zellen seiner Haut auf das äußerste gereizt hat, zur Bushaltestelle geht, um zu weiteren Heldentaten in sein Büro zu fahren, der wird bei soviel wachgerufener Energie wohl kaum eine Stunde geduldig dort stehenbleiben, wenn der Bus seiner Linie, der – sagen wir einmal – alle vier Minuten fahren soll, auch vierzig Minuten lang einfach nicht kommen will. Leute, die duschen, neigen dazu, in einer solchen Situation nervös zu werden, laute Gespräche mit ihrer Umgebung zu suchen – zum Thema Busse –, in extremen Fällen Vorschläge zu machen, wie man das ganze öffentliche Transportsystem der Stadt neu organisieren müsse.

An englischen Bushaltestellen herrscht Ruhe. Und ich führe das darauf zurück, daß es im Königreich so selten richtige, hart prasselnde Duschen gibt.

Bevor ich nun die traurige Geschichte meiner erfolglosen Suche nach einem solchen Instrument erzähle, hier mein zentrales Erlebnis mit Londoner Omnibussen. Mit dem Bus bin ich viel gefahren und habe mich jedesmal gern darüber geärgert. Manchmal war ich geradezu enttäuscht, wenn die Busse pünktlich waren. Dies passierte aber nicht allzu oft.

Der Normalfall sah etwa so aus, daß der Bus der Linie 30 eine halbe Stunde nicht kam, dann aber kamen drei oder vier rote Doppeldecker mit der Zahl 30 hintereinander. Jeder Londoner wird Ihnen geradezu beschwörend erklären, dies sei auf das starke Verkehrsaufkommen der Metropole zurückzuführen, auf größere Staus, die Busse kämen einfach nicht durch. Eine solche Erklärung erlaubt allen, still und geduldig in der Schlange zu bleiben oder still wegzugehen zur U-Bahn, sich eine Taxe zu nehmen. Keiner muß nach außen hin Zeichen von Mißmut zeigen, von Beunruhigung oder gar Alarm. Denn dies wäre ein im höchsten Maße stilloses Verhalten. Leute, die in solchen Situationen laut argumentieren, sind meist Ausländer, unglückliche Deutsche oder überaktive Amerikaner, Duschtypen eben im weitesten Sinne.

Wenn man lange genug in London lebt und Engländer näher kennenlernt, dann kann es sich schon einmal ereignen, daß dem verzweifelten Fremden in einem schwachen Moment ein sonst kontrollierter Londoner andere Theorien verrät, warum in dieser Hauptstadt der Britischen Inseln die roten Busse diese seltsame Neigung haben könnten, in Rudeln zu fahren. Eine dieser Theorien ist beispielsweise, daß Busfahrer gerne gemeinsam ihren Tee trinken, statt sich im Vier-Minuten-Takt brutal voneinander zu trennen. Und wenn dann die Tea-time vorbei ist, geht die Fahrt zu viert auch viel zügiger über den Parcours, ganz abgesehen von dem großen Vorteil dieses Verfahrens, wenn ein beachtlicher Teil der potentiellen Passagiere inzwischen schon die Nerven verloren hat und auf andere Verkehrsmittel übergewechselt ist.

Der interessante Punkt an solchen tiefgehenden Gesprächen ist nicht, Kritik zu üben am Verhalten von Omnibusfahrern. Sie werden schlecht bezahlt, und jeder muß sehen, wie er sich durchs Leben schlägt. Das Verblüffende ist, mit wie wenig Feindseligkeit, gänzlich ohne Vorwurf oder böse Blicke die Männer in den roten Bussen von ihrer Kundschaft empfangen werden, wenn sie nach langer Pause doch noch kommen.

Ein Busfahrer kann mit seinen Passagieren tun und lassen, was er will, und selten wird mal ein Londoner auch nur die Stimme heben. Wie gesagt, nur Ausländer fallen hin und wieder aus der Rolle. Ein amerikanischer Wissenschaftler, der in Oxford lebte, hat mir einmal in einer Kneipe sein Großbritannien-Bild so zusammengefaßt: »The problem with the British is, they are not demanding!« In mir hatte der Mann wahrscheinlich seinen einzigen Zuhörer in Monaten gefunden, um endlich einmal den Briten ins Protokoll zu schreiben, daß der Mensch doch auch mal mit der Faust auf den Tisch hauen müsse, Ansprüche stellen, wenn er für etwas bezahlt, sich beschweren, wenn ihm mal was nicht paßt. Sein Pech war natürlich, daß ich ein Ausländer war wie er. Und auf diese Leute kommt es eben wirklich nicht an.

Nun also meine schönste Geschichte in Londoner Bussen. Dies alles ist dann zwar immer noch die Ouvertüre. Wie der Weg schließlich zurückführen wird zur Dusche, darüber später mehr.

Es war im Bus der Linie 14, abends um sechs auf der Tour in Richtung Putney, Haltestelle Green Park Tube Station. Ich saß gleich hinten am Einstieg, war gut gelaunt und hatte es nicht eilig. Ganz zufällig hatte ich mitbekommen, daß unser Fahrer vorne aus seinem Führerhäuschen geklettert war und die Treppen hinunterstieg zur U-Bahnstation. Die Lage war klar: Der Mann suchte ein stilles Örtchen.

Nach einer Minute schon tauchte er wieder auf, keineswegs erleichtert und mit zufriedenem Blick, sondern ratlos und ziemlich verdrossen. Die Lage war klar: Die Toilette, auf die er wollte, war zu. Also verschwand unser Busfahrer im Gewühl des Londoner Abendverkehrs, um irgendwo im Zentrum einer großen Stadt endlich doch noch das zu finden, was er so dringend suchte. Die Sache versprach, interessant zu werden.

Der Schaffner, der dies alles gewiß auch mitbekommen haben mußte, hatte sich zum Studium irgendwelcher Fahrpläne zurückgezogen und tat, als wenn dies der ganz normale, größere Zwischenstopp der Buslinie 14 wäre vor dem Antritt der Weiterreise in Richtung Putney Garage. Man konnte es dem Mann auch nicht verdenken, der Anlaß eignete sich wirklich schlecht zur erklärenden Ansprache an das Publikum.

Es dauerte fünf Minuten, es dauerte zehn, Omnibus um Omnibus überholte unser gestrandetes Gefährt, und ich genoß es, einer von den ganz wenigen zu sein, die der Zufall eingeweiht hatte in die aktuelle Situation. Allmählich begannen die ersten auszusteigen. Und jeder, der in einer Pose des Selbstverständlichen, als sei ihm gerade eingefallen, daß er am Green Park noch etwas erledigen oder heute ausnahmsweise umsteigen müsse in den Bus Nummer 22, jeder der mit äußerster Konzentration um die Haltung des völlig Normalen Bemühten, sie alle mußten an diesem Abend an mir vorbeiparadieren. Und jeden habe ich dabei lieb angelächelt, den Blick in die Augen suchend. Zugegeben, dies war nach allen Regeln des englischen Alltags ein rüdes, rücksichtsloses Verhalten, geradezu eine Grausamkeit, weil es jedem in einer schwierigen Situation den stilvollen Schein zerstören mußte.

Am Ende waren wir zu zweit in diesem Bus: der Schaffner, den Blick zwanzig Minuten lang in wichtige Akten vertieft, und ich. Als der Fahrer endlich wieder in seine Kabine kletterte, schaute der Schaffner kurz von seiner Lektüre auf, klingelte zweimal, um die Fahrt freizugeben. Fast bis zum Kaufhaus Harrods war ich der einzige Passagier in beiden Etagen des Busses. Stolz und von dem Hochmut berauscht, dieses eine Mal Großbritannien in seiner stärksten Disziplin geschlagen zu haben: der Unerschütterlichkeit.

Die Briten und die Dusche. Oder besser: Die Briten, die Dusche und ich.

Jeder Makler, der mir in London seine viel zu teueren Wohnungen zeigte, hatte – wenn die Sprache darauf kam – fast hochmütig »selbstverständlich!« geantwortet: Selbstverständlich habe die Wohnung ein Bad und das Bad eine Dusche. Die Dusche, das war dann meistens ein Verlängerungsschlauch über den Wasserhähnen der Badewanne. Es war stets ein Spaß, so zu tun, als käme ich frisch aus unterentwickelten Regionen, wo man ein derart modernes Gerät noch nicht kennt, um aus dieser Unschuld heraus die Bitte zu wagen, man möge doch freundlicherweise einmal erklären, in welcher Stellung der menschliche Körper den größten Nutzen von einer solchen Erfindung habe. Die nun einsetzende Genierlichkeit der Ladies und Gentlemen, über körperliche Verrenkungen zu reden, war jedoch nur der Auftakt zu immer demselben frustrierenden Dialog. Der Höhepunkt war jedesmal meine Bitte, doch mal an diesen Wasserhähnen drehen zu dürfen, um einen Eindruck zu bekommen von der Stärke des Strahls. Jetzt wurde das Unbehagen der anderen Seite intensiv. Denn eine Dusche ist etwas, auf das man allenfalls stilvoll zeigt und sagt: »Hier haben wir eine Dusche!«, und damit ist das Thema beendet. Es stellte sich auch jedesmal heraus, daß es eher ein Getropfe war als ein Strahl, was am Ende des Schlauches aus dem Mechanismus lief und was die Damen und Herren Makler prompt genauso verwunderte wie den potentiellen Mieter. Nur mit dem Unterschied, daß die Angelegenheit dem Briten ja völlig egal war, dem unglücklichen Ausländer aber nicht.

Manchmal wußte jemand stolz, daß es da irgendwo eine Pumpe gebe, die allerdings die Stärke des Wasserstrahls auch nicht erhöhen konnte. Doch allein dieser technische Zusatz ließ mich nach einiger Zeit auf die Vermutung kommen, daß hinter dem vornehm müden Wasserdruck doch irgend etwas sehr Grundsätzliches stecken müsse, etwas für Fremde schwer Verständliches, etwas sehr Britisches eben.

Die nächste Stufe zum geistigen Durchdringen der Problematik war die Erkenntnis, daß Londoner Wohnungen einen eigenen Wassertank haben. Dies ist deshalb besonders eindrucksvoll, weil niemand so recht weiß, warum. Wenn man als Angehöriger einer fremden Kultur die völkerkundliche Anmerkung macht, daß in anderen Ländern das Wasser schlicht aus der Wasserleitung kommt ohne jede Zwischenstation in Tausenden von privaten Wassertanks, dann entspannt sich das Gespräch jedesmal ein bißchen, weil diese lustigen Geschichten aus exotischen nichtbritischen Ländern ja immer so etwas Erheiterndes haben.

Um es kurz zu machen: So gut wie jeder Haushalt in London hat seit viktorianischen Zeiten seinen eigenen Wasserbehälter, der meist im Badezimmer steht. So gibt es zwar Druck, wenn das Wasser in den Tank hineinfließt, aber nicht mehr, wenn es dann aus dem Tank in die Badewanne oder Dusche weiterlaufen soll. Das war immer so, und niemand fühlt sich herausgefordert, hieran etwas zu ändern. Auch in Neubauten werden teuere Wassertanks installiert, nur damit niemand in Versuchung gerät, richtig zu duschen. Große Hotels schlagen da manchmal etwas aus der britischen Art. Sie haben wohl einen großen Tank unter dem Dach für das ganze Gebäude, wodurch nicht zu verhindern ist, daß es in irgendwelchen Badezimmern darunter zugeht wie in Amerika.

Um dieses gewiß etwas sehr ausführliche Kapitel über die Abwehrkräfte gegen das Unbritische abzuschließen, noch ein Erlebnis in einem Hotel in der schönen Umgebung von Salisbury. In der Nebenrolle dieser Geschichte ein amerikanischer Tourist; die Heldin ist eine junge Dame an der Rezeption dieses mit alten Möbeln behaglich eingerichteten Hauses, dessen Attraktion ein großer Garten ist. Also, der Amerikaner kommt mit seiner Frau in die Hotelhalle und fragt die junge Frau: »Haben Sie ein Zimmer mit Dusche?« Sie schaut ihn an, prustet, schüttelt sich vor Vergnügen und antwortet mit hellem, entwaffnendem Lachen: »But Sir, we are English!«

Von Menschen und Mäusen

Als Frank Chapple, der Gewerkschaftsführer, zu einem Abendessen mit der Königin in den Buckingham-Palast gebeten wurde, hat er lange nachgedacht, worüber er sich wohl mit Ihrer Majestät unterhalten könnte. Schließlich entschloß er sich, ganz schlicht und forsch über das zu plaudern, was schon seit frühester Jugend sein Hobby und seine Leidenschaft ist. Der Abend wurde ein großer Erfolg. Und ein begeisterter Gewerkschafter berichtete später seinen Kollegen, er habe selten jemand getroffen, der so viel von der Taubenzucht versteht wie die Königin.

Es verblüffte den Elektriker Chapple natürlich, daß hier jemand an Tauben Interesse zeigte, dessen Stand ganz klar ein Interesse für Pferde vorschreibt, während das Züchten von Tauben, Kaninchen oder Frettchen in die ärmeren Vororte Londons gehört oder in die Industriereviere des englischen Nordens. Doch wie hoch oder tief sie auch stehen in der britischen Klassenordnung, Tiere sind ihnen mehr als anderswo auf der Welt ein natürlicher Teil ihres Alltags geblieben. »Keeping in touch with animals« wäre mit Tierliebe viel zu sentimental übersetzt. Sie sind Tieren noch nahe, räumlich und seelisch, gerade die, die ungünstiger Umstände halber gezwungen sind, nicht auf dem Land, sondern in der Stadt zu leben. Die Briten sind Landmenschen, Tiere gehören – wenn es sich irgend einrichten läßt – zur Harmonie des britischen Lebens.

Die klassische Fährte, die jeder brave Journalist zu diesem Thema früher oder später einmal verfolgt, sind die Fuchs- oder Schleppjagden, die ihre festen Freunde und Gegner haben. Für die einen ist das ein Sport, für die anderen ein Ritual der Grausamkeit. Auf den ersten Blick erscheint die Sache ein bißchen unfair – und daher so gar nicht britisch: Fünfzig oder sechzig Reiter und ein Rudel Hunde jagen einem einsamen Fuchs hinterher, und wird der Fuchs erwischt, dann zerreißen ihn die Hunde. Was, wie die Lobby der Fuchsjagd-Freunde argumentiert, für den Rotpelz schon deshalb keine unbillige Härte sein kann, weil er ja mit Hühnern, Kaninchen und anderen Tieren auch nicht gerade zimperlich verfährt. Der Kernpunkt des Streits scheint aber wohl zu sein, ob dem Menschen noblere Instinkte abgefordert werden müssen oder nicht. Eine spontane britische Antwort wäre wohl nein, Natur ist Natur.

An einem schönen Wintertag haben wir uns also mit der Kamera auf die Jagd begeben, und die Bilder waren wunderschön: klar geschnitzte britische Oberklassengesichter, Leute, die alle irgendwo ihre Fabriken, Brauereien oder großen Höfe haben, bei deren täglicher Plackerei sie selbst so wenig erforderlich sind, daß sie eigentlich an jedem Tag der Woche das tun können, was ihnen viel mehr am Herzen liegt als Büroarbeit oder anderes langweiliges Tun: nämlich reiten, die Natur erleben.

Sie sind den ganzen Tag durch das Gelände getobt, von bellenden Hunden mal hierhin und dann in die Gegenrichtung gehetzt. Alle waren sie proper gekleidet, hatten rosige Gesichter und waren auf eine stilvolle Weise erregt. Uns hatte man einen Fachmann mit in den Jeep gesetzt, der einen

Jagdsinn hatte wie ein Fuchs. Es war ein freundlicher älterer Herr, der sozusagen die Psyche des Fuchses lesen konnte, voller Lob für dessen geniale Instinkte. Wir waren stets vor der antobenden Reiterschar an jedem potentiellen Schauplatz dramatischen Geschehens. Unser Kameramann Günther Benze lag jeweils schon unter jeder Hecke, bevor die Pferde überhaupt ahnten, daß sie darüberspringen mußten. Es war Fernsehen in seiner reinsten Form.

Unser Begleiter redete derweil lehrreich auf mich ein und versicherte, daß das Ganze auch aus der Sicht eines Fuchses einen sportlichen, ganz natürlichen Charakter habe. Denn dem Mann war klar, daß man Journalisten nie ganz trauen durfte, daß diese Leute möglicherweise nur so tun, als wollten sie sich ein objektives Bild von der Fuchsjagd verschaffen, und in Wirklichkeit bebildern sie nur die althergebrachten Vorurteile ihrer Heimat.

Am Abend haben wir dann alle zusammengesessen und Punsch getrunken, was unseren an sich schon roten Gesichtern eine noch intensivere Tönung gab. Die Gemüter waren immer noch erregt, und die Geschichten, die mit dem Punsch die Runde machten, waren von äußerster Dramatik. Das einzige, was an diesem Tag nicht geschehen war, war die Begegnung mit einem Fuchs. Einige meinten, da und dort an jenem Waldesrand müsse auf jeden Fall einer gewesen sein, weil die Hunde so rasend außer sich waren. Aber beschwören konnte es natürlich keiner, amüsiert hatten sie sich so oder so.

Das große Problem tauchte eigentlich erst auf, als wir die Bilder in London am Schneidetisch sahen. Irmgard Hintze, unsere Cutterin, war hellauf begeistert, und nur der Korrespondent schaute betrübt auf den Schirm. Ihm fiel zu dem bunten britischen Reigen einfach keine Geschichte ein. Es war ja nichts passiert. Und so liegen die schönen Bilder noch in ihren Dosen auf einem Regal in Soho und warten darauf, daß eine spätere Generation von Korrespondenten klarer weiß, was sie eigentlich will. Sendbar sind sie jederzeit, denn bestimmte britische Rituale, die werden nie aus der Mode kommen, sie sehen noch in zweihundert Jahren so aus wie heute.

Ähnlich verwirrend, aber diesmal ertragreicher, weil am Ende eben auch gesendet, war die Ausbeute einer Expedition ans andere Ufer der britischen Klassengesellschaft und des britischen Lebens mit Tieren. Auch diesmal hatten wir uns angestrengt vorgenommen, dem Ereignis völlig offen und ohne Vorurteile entgegenzutreten. Es war nicht ganz leicht, es war eine Leistungsschau des Nationalen Clubs der Mäusezüchter.

Als wir unsere Lichter aufbauten im Gemeindesaal der St.-Josephs-Kirche von Brigghouse bei Bradford – das ist etwa in der Mitte der Britischen Inseln –, war das Bild geprägt von nervöser Geschäftigkeit. Ältere Damen und Herren, aber auch einige jüngere Leute waren dabei, ihre Mäuse vor dem großen Kampf um die Züchterpokale noch einmal zu putzen. Am Schwanz zogen sie sie aus kleinen Schachteln und Ställen, ließen sie sanft in der Handfläche baumeln, um mit dem Rasierpinsel oder ganz zart mit dem kleinen Finger dem Mäusefell den letzten Glanz zu geben.

Wir sahen Mäuse in Schwarz und Weiß, in Creme und Schokolade, in Zimt, Perle und Champagner. Das heißt, die schöneren Namen sind natürlich nicht uns eingefallen, sondern den Züchtern, so wie jeder Modeschöpfer oder jeder Hersteller von Schuhcreme seine Ware nicht nur plump als rot, schwarz oder weiß anbieten mag. Farben und Namen sagen ja etwas aus über den Stil, über die Eleganz einer Branche. Mäuse jedenfalls gibt es in siebzig verschiedenen farblichen Kombinationen, vom lilafarbenen Rücken bis zum leichten Braunton unter dem Bauch. Langes Haar, kurzes Haar, die Länge des Schwanzes wechselt je nach der Mode.

Die Maus von heute, so erklärte uns ein Experte, muß langgezogen sein im Körperbau, Ohren tulpenförmig, große, klare Augen. Von Preisrichtern werden die Weichheit des Fells und das freundliche, zutrauliche Wesen hoch bewertet. Da ist es also anders als bei Pferden, wo eine gewisse Nervosität Ausdruck des Hochverfeinerten ist. Die gefleckte Maus gehört zu den schon klassischen Modellen. Diese Geschmacksrichtung geht zurück bis in die viktorianische Zeit. Schwer zu sagen, seit wann es Mäuse gibt. Der Club der Mäusezüchter jedenfalls existiert seit 1892. Heute hat er im Königreich etwa dreihundert Mitglieder.

Natürlich, ganz konnten wir uns die plumpe Neugier nicht verkneifen, die frivole, die laienhafte Frage: Warum züchten Menschen ausgerechnet Mäuse? Die beste Antwort gab Jack Hartley aus Manchester: »Wenn ich das Geld dazu hätte, dann würde ich selbstverständlich Rennpferde züchten!« Das Züchten an sich sei die Leidenschaft, die Herausforderung, die Inbrunst, der Drang, dem lieben Gott ein bißchen ins Handwerk zu pfuschen. Er hat die Maus geschaffen, aber dem Menschen ist es gegeben, sie zu verfeinern! Da hat man nun lebendige Wesen und sieht – manchmal hofft man eben auch nur –, daß durch immer neues Kreuzen neue Arten entstehen, die Maus von nie dagewesener Form und Farbe.

Rodger Hutchings zum Beispiel ist nach seiner Pensionierung extra deshalb in die Gegend von Bradford gezogen, um in diesem Mekka der Mäusezucht von der Nähe so vieler Mitzüchter inspiriert zu werden. Siebenmal im Jahr trifft man sich zu Wettbewerb und Leistungsschau, tauscht Erfahrungen aus, redet über Mäuse. Hutchings besitzt etwa siebenhundert davon. Ganz genau – bei der Geschwindigkeit, mit der sie sich vermehren – ist das nie auszumachen. Gefüttert werden sie immer nachts, die Maus liebt die Dunkelheit. Etwa fünfzehn Mark für alle siebenhundert kostet das Futter pro Tag – Haferflocken, Sonnenblumenkerne, Weizen, Brot. Urlaub kann der Mensch natürlich nicht machen, wenn er für siebenhundert Tiere zu sorgen hat. Wozu auch Urlaub?

Zum Abschied von Brigghouse – als den Siegern in allen Klassen schon die bunten Schleifen und Rosetten an ihre Mäuseställe geheftet waren – hat man uns die Geschichte von Percy Ashley mit auf den Weg gegeben. Das ist ein großer Name in der Mäusezucht.

Sein Charakter war nicht ohne Fehler, mit anderen Menschen tat er sich schwer. Ashley war jähzornig, streitsüchtig, laut. Nur wenn dieser schwierige Mann eine Maus in seinen Händen hielt, dann war er sanft und still und zärtlich. »Wissen Sie«, sagte uns Doreen Cooper, »es ist natürlich ein seltsames Hobby. Wer wollte das bestreiten. Wer selbst nicht Mäuse züchtet, wird den Reiz nicht verstehen. Als ich meinen Mann heiratete, habe ich ihm klar gesagt: ›Die Mäuse kommen aus dem Haus. Du mußt dich entscheiden zwischen denen und mir!‹ Heute bin ich bei uns im Mäusezüchterclub von Manchester die Präsidentin.«

Zur Abrundung des Themas noch ein kurzer Besuch bei Cruft's. Was Cruft's ist, das weiß in Großbritannien jeder Hund. Es ist für Hunde und für ihre Züchter die größte und wichtigste Schau der Welt, sozusagen das entscheidende soziale Ereignis des Jahres. Das, was für Tennisspieler Wimbledon ist. Nebenbei sei nur vermerkt, daß Hunde im Nebeneinander der britischen Klassen besonders tolerante Wesen sind. Man findet sie im Haushalt der Königin, und man findet sie in der Arbeiterfamilie. Und Hunde aller Klassen kommen zu Cruft's. So um die fünfzehntausend sind in jedem Jahr dabei. Aber so wie nicht jeder Tennisspieler – Schläger unter dem Arm – einfach in Wimbledon vorbeispazieren kann, um mitzuspielen, darf auch nicht jeder Köter einfach vorbeistromern bei Cruft's. Jeder, der bei der mehrtägigen Schau in den Messehallen des Londoner Stadtteils Earl's Court stolz durch die Hallen schreitet, hat schon mehrere Ausscheidungsturniere hinter sich, hat sozusagen einen Namen in der Hundewelt.

So um die hundertfünfzig Arten und Rassen kämpfen in fünfundzwanzig Ringen und Arenen gegeneinander um die Titel und Pokale. Hundertdreißig Schiedsrichter nehmen ihr machtvolles Amt nicht leicht. Auf Schiedsrichter soll schon geschossen worden sein, weil Hundebesitzer der Meinung waren, daß ihr Schiedsspruch ein klares Fehlurteil war. Und über die Art und die Höhe von Bestechungsversuchen kursieren die verwegensten Gerüchte. Der Anstand verbietet es, auch nur andeutungsweise wiederzugeben, was einige Damen – ehrgeizige Züchterinnen – Schiedsrichtern bei Cruft's schon an Gunst und Gütern angetragen haben, nur damit ihr Liebling gewinnt.

Auf der anderen Seite gibt es in der Riege der Schiedsrichter auch jene Dame, die von den Zeitungen und Magazinen stets mit den etwas ungezogenen Untertönen als die führende Autorität in Fragen des Gehorsams vorgestellt wird. Reporter haben ihr schon anzüglich sämtliche Fragen gestellt, die die Expertin dazu verlocken sollten, im Zeitalter Margaret Thatchers für einen britischen Trend zum exzessiven Gehorchen zu werben. Die Realität hält nicht Schritt mit solchen Phantasien. Die Dame ist weder in ihrem Äußeren noch in ihrer Lebensphilosophie von einer aus dem

Rahmen fallenden Strenge. Es geht ihr tatsächlich nur um die Dressur von Hunden.

Was auffällt, wenn man in Earl's Court durch die Hallen geht, ist, wie verhältnismäßig ruhig und gesittet hier die vielen Hunde sind. Manchmal hat man den Eindruck, sie interessierten sich gar nicht für andere Hunde, sondern konzentrierten sich ganz auf ihre Schönheit. Vor ihren Boxen werden sie gebürstet und gekämmt. Es scheint, als habe die menschliche Eitelkeit auf die Tiere übergegriffen, als genössen fünfzehntausend Hunde die Herumfrisiererei.

Ich habe mich damals über diesen interessanten Aspekt mit dem Vorstandsvorsitzenden des veranstaltenden Clubs unterhalten, des Kennel, des Hundehüttenclubs. Es war das letzte Amtsjahr von Sir Dudley Forewood, einer überaus sympathischen Erscheinung, der in seinem Büro über eine Bar verfügte und geradezu darauf bestand, daß wir vor jeglichem Ansatz zu filmischem Schaffen erst mal einen Drink nahmen. Die bedeutsame Frage, ob einem Hund diese nie endende Kämmerei nicht doch ein bißchen lästig sei, beantwortete Sir Dudley in voller Solidarität mit seinem besten Freund. Zwar, so erklärte er dem Deutschen Fernsehen in die Kamera, habe er mit seinem Hund über dieses Thema noch nie konkret gesprochen. Doch erinnere er sich genau, daß in seiner frühesten Jugend sein Kindermädchen auch immer an ihm herumgekämmt habe. Er habe das stets gehaßt, wahrscheinlich fühle ein Hund genauso.

Ein bißchen dazu im Widerspruch äußerte sich ein Verhaltensforscher, der auf der großen Hundeschau sein Buch »Dog Watching« signierte. Desmond Morris hat schon Affen, Politiker und Fußballfans studiert und sagte uns auf die Frage, was wohl Hunde von solchen Turnieren halten: »Hunde lieben das! In ihrer Vorstellungswelt ist die große Schau bei Cruft's ein aufregender Jagdausflug. Die Entwicklung des Hundes wie auch des Menschen verlief ja über das Jagen in Gruppen. Der Wolf – der Vorfahr des Hundes – jagte im Rudel. Und unsere menschlichen Vorfahren taten das auch. Der Mensch findet solche Wettbewerbe spannend, und deshalb ist es auch spannend für seinen Hund. Nur: Die Beute bei diesem Ereignis ist ein Pokal und kein anderes Tier, das man tötet.«

Ach ja, Cruft's, dieser seltsame Name! Ein gewisser Charles Cruft hat das Ereignis vor über hundert Jahren, 1886, ins Leben gerufen. Er wußte, was er tat, denn er war Verkäufer von Hundefutter und hatte den sicheren Instinkt, daß die Geschäfte anzukurbeln seien, wenn man den Trieb von Mensch und Hund zum Wettbewerb ausnutzt. Auch heute noch ist das große Schwungrad dieser Schau die Hundefutterindustrie.

Wir sollten den Salon der vornehmen Hunde nicht verlassen ohne ein paar Worte der Anerkennung für eine menschliche Leistung. Da waren, als wir das Ereignis filmten, auf der einen Seite 14685 Hunde, die vier Tage lang, in den dafür vorgeschriebenen abgegrenzten Bezirken der Halle, na, sagen wir mal, das erledigten, wozu Hunde normalerweise einen Baum benutzen oder eine verschämte Stelle, in die man später hineintreten kann. Auf der anderen Seite kämpften in den Messehallen zwei Iren aus dem County Kerry, die es nach London verschlagen hatte, um all das wegzuschaffen, was am Rande einer solchen Hundeschau so abfällt. Der eine hieß Con, der andere Tim. Und Tim hat uns einmal eine Hochrechnung gemacht, mit welchen Mengen die beiden hier zu ringen hatten: sechs riesige Müllcontainer pro Tag aus der Halle zu einem Sammelplatz im Keller karren, Gesamtgewicht pro Tag zwei Tonnen. Vier Tage dauert die Schau. Also, welchen Maßstab man auch anlegt, Cruft's in London ist weltweit das Größte!

Nordirland – eine Krise unserer Zeit

Wir kennen diese Konflikte alle. Irgendwann explodiert eine Bombe, wieder ein Rekord an Toten, eine neue Dimension des Leidens. Maskierte stürmen mit Maschinenpistolen in eine Kirche, schießen wahllos in die Reihen der Gläubigen. Bei einer großen Demonstration trifft ein Plastikgeschoß der Polizei ein Kind. Es sind so oft immer dieselben Krisen. Sie tauchen in unregelmäßigen Abständen in den Schlagzeilen auf. Verwüstungen, weinende Menschen huschen über den Fernsehschirm. Und dann ist wieder eine Weile Ruhe. Selten mal etwas Hoffnungsvolles aus jenen besonderen Regionen, selten ein Gedanke über den Sinn des Ganzen, keine Aussicht auf irgendeine Lösung.

Es gibt diese noble und optimistische Deutung von der Rolle des Journalisten auf dieser Welt: zu berichten und zu informieren und damit beizutragen zu einem heilsamen Prozeß des Verstehens. Es gibt aber leider auch Krisen in unserer Zeit, die den Journalisten langsam, aber mit den Jahren unerbittlich vor die Frage stellen, ob die Vielzahl seiner Berichte wirklich ein Beitrag war auf dem Weg zu einer Lösung oder nur ein Beitrag zur nicht endenden Verwirrung.

Ich will versuchen, von Nordirland zu erzählen. Diese britisch regierte Provinz auf der irischen Nachbarinsel ist für den Korrespondenten in London sozusagen die Zugabe zur Berichterstattung aus einem Land im aufgeklärten Europa. Ich will versuchen, auch persönliche Impressionen wiederzugeben. Denn nach einer gewissen Zeit wird ein Konflikt für den Berichterstatter etwas Persönliches. Ich meine dies nicht im Sinne der Parteinahme für eine der streitenden Gruppen. Es gibt einfach zu viele Seiten, Fraktionen und politische Untergruppen in dieser Krisenprovinz, die immer wieder Schlagzeilen macht in der Weltpresse und die nicht einmal so viele Einwohner hat wie die Stadt Hamburg. Man gewöhnt es sich in dieser verwirrenden Situation an, sich immer wieder mitfühlend für den zu öffnen, mit dem man gerade zu tun hat, der einem unmittelbar gegenübersteht und einem seine Seite des sich über Jahrzehnte, wenn nicht Jahrhunderte hinschleppenden Leidens und Unrechts erzählt.

Es gibt natürlich auch jene, denen bei jedem Konflikt auf dieser Welt schnell alles ganz klar ist, die eine robuste Begeisterungsfähigkeit in die Lage versetzt, aus der Geschichte oder aus der einzig korrekten Weltanschauung heraus die wahren Ursachen und die einzig gerechte Lösung zu sehen. Sie haben es leichter, für sie ist auch Nordirland kein besonders kompliziertes Problem.

Das erste, was den Fremden verblüfft, der nach Nordirland kommt, ist der spontane Eindruck, wie schön es ist: ein kräftiges Grün, die Weite der Landschaft, einsame Strände und Seen. Wo, fragt man verwirrt, ist das Chaos, wo die Brutalität, die das Fernsehen immer wieder zeigt? Die Menschen sind nett und strahlen Ruhe aus. Im Pub erzählt einem jeder sofort die Geschichte seines Lebens. Ist das da ein Protestant oder ein Katholik? Geht er nachts Bomben legen und Menschen erschießen? Man traut sich nicht, seine seltsamen Gedanken irgend jemand zu offenbaren.

In den größeren Ortschaften, ganz plötzlich neben dem Pub oder neben dem Lebensmittelladen, kommt dem Fremden etwas vertraut vor. Dies könnte das Nordirland seiner Fernsehbilder sein: Gebäude aus häßlichem Beton, umgeben von Stacheldraht, die Mauern von irgendwelchen Parolen beschmiert, Wachtürme an allen Ecken der Festung. Da, war das nicht die Mündung eines Gewehrs, die jemand auf dich gerichtet hat? Aus Sehschlitzen hinter der Mauer ahnt man Augen. Dies, so erfährt der Angereiste bald, sei die örtliche Polizeistation gewesen oder gar eine Kaserne, ein öffentliches Gebäude.

Wen es nicht danach drängt, von solchen Häßlichkeiten mehr zu sehen, wem sein gesunder Instinkt eingibt, lieber dorthin zu wandern, wo die Welt schöner ist, der kann im Norden der irischen Insel seinen Urlaub verbringen – vorausgesetzt, er liebt auch mal Regen.

Journalisten sind da anders. Sie kommen meist nur nach Nordirland gereist, wenn Unerfreuliches zu erwarten ist: Unruhen, Demonstrationen, Wahlen mit den entsprechenden Krawallen, Bomben, Streiks, Beerdigungen, die wieder neue Gewalt entfachen.

Der Portier im Hotel begrüßt einen schon bald als einen alten Bekannten. Er ist die Fernsehkarawanen mit ihren Aluminiumkoffern gewohnt, die Fotoreporter der Zeitungen und Agenturen mit den vielen Apparaturen um Hals und beide Schultern. Ein guter Portier führt jeden jedesmal gleich in die Lage ein: wie viele zusätzliche Crews die BBC aus London eingeflogen hat, ob die amerikanischen Networks schon versammelt sind, die Konkurrenz aus Deutschland, die Australier, Italiener, Franzosen...

Beim erstenmal auf dem Weg zu diesem Hotel in Belfast – von einem Drahtzaun umgeben, ein Schlagbaum und eine Baracke zur Gepäckkontrolle der anreisenden Gäste und Besucher – wollte der Taxifahrer in seinem freundlich-melodiösen Irisch mir etwas Nettes sagen: »I do not want to frighten you, Sir. But your hotel has been bombed some twenty odd times!«

Man lernt es schon bald: Alles, was die Welt so unter dem Schlagwort Nordirland kennt, hat seine festen Bezirke auf der Landkarte des Terrors. Die Falls Road zum Beispiel und an ihrem Ende Polizeistation und Friedhof; die Shankyll Road in Belfast, wo die Wohngebiete von Protestanten und Katholiken scharf aneinanderstoßen, wo eine Mauer aus Beton die einen von den anderen trennt, damit sie sich nicht so leicht totschlagen können; die Bogside, eine mit Parolen vollgeschmierte Siedlung, fast schon ein eigener Staat für Katholiken in Derry oder Londonderry, in die sich die Polizei schon lange nicht mehr hineinwagt. Was noch? Cregan Estate! Auch im County Armagh immer dieselben Schlachtfelder, in Portadown die lange Straße zum Bahnhof, in der nur Katholiken wohnen und durch die im festen Rhythmus der Jahreszeiten die Protestanten mit Bannern und Spielmannszügen hindurchmarschieren wollen, um den anderen ihre Macht zu zeigen. Die gepanzerten Fahrzeuge des Militärs, die Linien der Polizei, die die Straße abriegelt, die Kneipe, wo meist die ersten Steine fliegen, die Stelle, wo sie uns eine Kamera zertrümmert haben.

Es ist wie beim »Dinner for One«, dem jährlichen Fernsehspiel am Silvesterabend, bei dem der Butler nach einem immer gleichen Ritual betrunken wird: »The same procedure as every year...«

Worum geht's? Um nationale Befreiung, sagen die einen, um Demokratie und Selbstbestimmung, sagen die anderen. So einfach ist das.

Aber die einen und die anderen, wer sind sie denn?

Katholiken und Protestanten, Iren und Briten, Arme und Reiche. Linke und Rechte, Revolutionäre und Königstreue. Es gibt ein Buch, eine Art »Who is Who im Bürgerkrieg«. Alle wichtigen Organisationen und Namen auf beiden Seiten des Grabens sind darin fleißig zusammengetragen: Gottesmänner, Politiker und Bombenwerfer. Es ist erstaunlich, wie viele politische Gruppen es in einem Landstrich gibt, der nur 1,5 Millionen Einwohner hat – eine Million Protestanten und eine halbe Million Katholiken. Manche dieser Gruppen sind Absplitterungen von Absplitterungen, Fraktionen innerhalb von Sekten. Und wer es sich angewöhnt hat, zur schnellen Orientierung durch sämtliche Krisen dieser Welt nur einen von vielen Maßstäben anzulegen, dem wird es in Nordirland trotzdem nicht besonders leichtgemacht. Radikale und Behutsame gibt es auf beiden Seiten, Sozialisten und Konservative, auch Armut hier wie dort. Es gibt sogar, was als krasser Widerspruch zum »Who is Who« der Gegend erscheint – Menschen, die eine Wiederangliederung der Provinz an die Republik Irland herbeisehnen, die aber nicht katholisch sind, sondern Protestanten.

Warum in einer Zeit, in der Europa zu großen, modernen Zusammenschlüssen strebt, warum auch heute noch auf irischem Boden mit Waffengewalt ein Streit ausgetragen wird, den andere Europäer vor gut dreihundert Jahren in seinen heftigeren Grausamkeiten hinter sich brachten, das ist nicht so leicht zu begreifen. Die historische Schuldfrage ist schnell zu klären: Die Engländer haben Irland achthundert Jahre lang ausgeplündert und unterdrückt. Schließlich, als die Zeit des Eroberns und Ausplünderns aus der Mode kam, konkret: im Jahre 1921, hatte die Regierung aus komplizierten innenpolitischen Taktierereien heraus nicht den Mut, das ganze Irland endlich freizugeben. Oben im Norden blieben sechs Landkreise britisch.

Es waren ausgerechnet die sechs rebellischsten Provinzen, und der Grund für die besondere Unruhe dort war ein Trick aus dem Arsenal des Ausbeuters und Kolonialherren, der im 16. Jahrhundert eine geniale Idee gewesen sein mag, der aber im 20. Jahrhundert zu ungeahnten Komplikationen führen sollte. Die – nennen wir es einmal pietätlos so – »klassische Form« des Ausplünderns früherer Jahrhunderte war es, den besonders erfolgreichen Heerführern und Vertrauten des Königs riesige Ländereien der eroberten Regionen zum Lehen zu geben. In besonders rebellischen Gegenden – und Irland war immer in dieser Kategorie – hatte spätestens die zweite Generation der noblen englischen Lords keine Lust und Freude mehr, ständig auf den unruhigen Ländereien zu bleiben, sich notfalls Tag für Tag mit aufmüpfigen Eroberten herumzuprügeln. Viele bestellten sich irgendwelche Verwalter, um selbst bequem in London leben zu können, ließen sich nur mal in ruhigen Zeiten zum Jagen und Reiten in Irland sehen. Woanders schloß man mit lokalen irischen Häuptlingen und Königen Kompromisse, die für beide Seiten eine Zeitlang ertragreich beziehungsweise erträglich waren.

Im Norden Irlands nun war im 16. Jahrhundert eine Situation entstanden, die in London den damals fast revolutionären Gedanken weckte, einmal einen neuen Typ von Statthaltern auszuprobieren: arm, aufstrebend und kämpferisch, weniger vornehm als die üblichen Lords, Leute, denen man die Chance gab, für wenig Geld größere Ländereien zu erwerben, denen man dafür aber zur Auflage machte, persönlich und mit ihren Familien in Irland zu wohnen, sich notfalls mit dem eigenen Leben für die Krone zu schlagen. Es ist in der Beschreibung politischer Temperamente fast eine Parallele zur Spaltung in zwei Lager bei den Kolonialherren damals und den britischen Konservativen heute zu ziehen: Die jovialen Lehnsherren von altem Adel sind oft eine Herrenschicht, die sich den Luxus leisten kann, nett zu sein zu denen darunter, gleichgültig zwar, aber oft geradezu liberal. Leben und leben lassen, solange ihre Stellung nicht ernsthaft in Gefahr gerät! Die anderen dagegen, die Ehrgeizigen aus der Mittelklasse – unter den Kolonialherren die ärmere Ausgabe, von den heutigen Aufstrebenden die, denen unsichtbar immer eine Grenze gezogen bleibt –, sie neigten und sie neigen auch heute sehr leicht zur Verspanntheit, zum Fanatismus, zum aufgeregten Unglücklichsein. Dies ist ein erster, mag sein ein unseriöser, Gedanke zu einem sehr, sehr britischen Thema.

Diejenigen also, die im frühen 16. Jahrhundert von der mächtigen Nachbarinsel ins eroberte Irland geschickt wurden, um den unruhigen Norden zur Räson zu bringen, kamen aus Schottland. Sie waren in ihrem Glauben nicht Anglikaner, sondern überwiegend Presbyterianer und Mitglieder anderer Wiedererweckungssekten. Ihre Ansichten von dem in Irland so tief verehrten Papst waren zwar genauso derb und abfällig wie die der Anglikaner, doch anders als den Kolonialherren aus England war ihnen der Erzbischof von Canterbury auch keine fromme Autorität.

Ein lautstarker Gottesmann mit politischem Einschlag wie Ian Paisley paßt heute religiös weder auf die englische noch auf die irische Wiese. Man muß schon Glück haben, in London, Manchester oder Newcastle auf einen Briten zu treffen, dessen Herz an den »Ulster Unionists« hängt, dem das Leiden der Überbriten dort oben im Norden Englands den Schlaf raubt. Eher schon gehen vielen in England und Wales allesamt in jener unruhigen Gegend gehörig auf die Nerven. Aber man wird auch selten jemand klagen hören. Man klagt nicht über Streiks, nicht über unpünktliche Omnibusse, man erträgt auch geduldig Nordirland.

Es wäre nur fair, an dieser Stelle zu fragen: Wer will denn überhaupt die Wahrheit über Nordirland wissen? Die Bomben, das Chaos, das menschliche Leid begleiten den Iren wie den Briten, wie sie das Wetter begleitet. Die Bomben, die Geschichte, die Schuld, das alles erscheint so erschreckend konfus, daß man lieber weglaufen sollte, wenn einem jemand die Wahrheit über Nordirland erzählen will.

Das Klima, in dem Militanz gewachsen ist, erscheint dem Fremden oft sehr provinziell; Animositäten selbst innerhalb gleicher politischer oder konfessioneller Lager dauern über Generationen an. Es ist einem Reporter aus einem anderen Land auch nach fünf Jahren nicht möglich, all die persönlichen Fehden und lokalen Querelen wirklich zu begreifen, die sich in sektiererischer Gewalt entladen und denen man heute so leichtfertig den Aufkleber verpaßt: »Politik«.

Dieser Hauch des sehr Persönlichen, manchmal auch Dörflichen im Umgang mit- und gegeneinander wurde in den letzten zwei Jahrzehnten nicht gerade zum Heilsamen ergänzt durch eine moderne internationale Komponente: den Streit zwischen links und rechts. Auch in der Berichterstattung von uns Journalisten werden mal leichtfertig und mal aus Hilflosigkeit gängige Vokabeln über einen lokalen Zwist gestreut, wie man Ketchup über englische Gerichte gießt. Was immer es ursprünglich einmal war, es schmeckt dann alles gleich und wird für jedermann verdaulich.

Ich habe schon viele Nordirland-Experten gesprochen, mir ist aber noch keiner über den Weg gelaufen, der einen wirklich überzeugenden Plan vorgetragen hätte, wie das Dilemma denn nun zu lösen sei. Und zum Kern des Dilemmas gehört es, daß sich die fünfhunderttausend Katholiken – Iren in ihren Herzen – von einer Million Protestanten – mit heißer Seele Briten – unterdrückt fühlen. Was tun? Wenn man Irland wiedergibt, was einst irisch war, dann werden in einer gesamt-irischen Republik über Nacht eine Million Protestanten zur Minderheit, und dann – so steht zu befürchten – geht das Morden und Bomben erst richtig los. Denn beide Lager haben ihre Mord- und Terrorgruppen. Die einen wollen die irische Lösung herbeibomben, die anderen wollen sie mit denselben Mitteln verhindern.

Was man auch tut, das Chaos und das menschliche Leiden werden schwer zu beenden sein. Selbst die Hoffnung, zumindest die IRA und die INLA, die Militanten auf katholischer/irischer Seite, müßten doch endlich Ruhe geben, wenn ihre Ziele erreicht seien, ist nicht groß. Denn was sind ihre Ziele? Der gesamt-irische Staat ist da sicher nur ein Aspekt. Viele Revolutionäre sprechen es offen aus, daß doch die Republik Irland im Süden nichts weiter sei als eine Art »Kartoffelrepublik«, die in ihrem Lebensstil nur die Briten nachäffe. Einige träumen davon, das Irland der Zukunft müsse so eine Art Kuba vor Europas Küste sein.

A. J. P. Taylor, ein englischer Historiker, hat einmal in einer Fernsehdiskussion gesagt: »Das Schlimme an uns Briten ist doch, daß wir die Iren über Jahrhunderte politisch bevormundet haben wie Kinder. Wir müssen jetzt raus, und wenn die Iren sich dann gegenseitig umbringen, so ist das ihre Sache.«

Es gibt viele Briten, die so denken wie er. Und doch hat sich weder die Mehrheit, noch haben sich die großen Parteien zu einer derart radikalen Lösung durchgerungen. Nicht aus Herrschaftsgelüsten, schon gar nicht aus finanzieller Gier ist der Rückzug einer ehemaligen Weltmacht aus allen Ecken ausgerechnet auf der kleinen Nachbarinsel ins Stokken geraten. Viel Geld wird jährlich aus dem britischen Haushalt in die Wirtschaft der unruhigen Provinzen gepumpt, die Ausgaben für Sicherheit, Polizei und Militär sind hoch. Es mag wohl wie im Krieg um jene weit entfernten, kalten und wenig bevölkerten Falkland-Inseln vor allem das britische Gespür für Fairneß sein, das Großbritannien davon abhält, sich aus einer schuldhaft angezettelten Misere einfach zurückzuziehen, wenn der Vorteil dahin ist und die Lage schwierig wird. Früher ist Irland für die Briten eine reiche Beute gewesen. Daß die britische Flagge noch heute im Norden dieser Insel weht, ist für die Eroberer von gestern eine geduldig ertragene Strafe.

Im Herbst 1985 gab es einmal etwas Neues in diesem so wirren Konflikt. Irland und Großbritannien haben sich zusammengesetzt und gaben zu Protokoll, daß in einer aufgeklärteren Zeit nicht der totale Sieg des einen oder anderen nationalen Lagers die Lösung sein könne, einen Streit aus dem Mittelalter endlich beizulegen. Abbau der Gewalt und Rückkehr zu normalem, zivilisiertem Leben in Nordirland seien das vordringlich gemeinsame Ziel. Im sogenannten Anglo-Irischen Übereinkommen bekam die irische Republik zum erstenmal ein Mitspracherecht in den politischen Angelegenheiten des Nordens. Die Katholiken, die ewig überstimmte Minderheit, hatte damit einen Anwalt und »großen Bruder« in der Politik. Die Regierung in Dublin räumte dafür in einer Frage großer nationaler Emotionen ein, daß es Änderungen im Status von Nordirland nur mit Zustimmung der Mehrheit geben solle, daß jede Lösung des Konflikts auf friedlichem, demokratischem Wege zu suchen sei. Und das ist nun einmal ein Abstimmungsprozeß, bei dem es eine Million gegen fünfhunderttausend zum Vorteil der britischen Flagge steht.

Die Militanten auf beiden Seiten reagierten heftig und klagten über »Verrat«. Ob dieses Übereinkommen zwischen London und Dublin ewig halten wird, ist eine bange, offene Frage. Aber wenn in einem historischen Streit zweier Nationen schon einmal beide Regierungen und alle größeren Parteien eingestanden haben, daß es die einzig richtige Lösung nicht gibt, so ist diese Einsicht ein Hoffnungsschimmer.

Chaos und Terrorismus, sie sind in der heutigen Zeit natürlich nicht nur Ausdruck der Unzufriedenheit über bestimmte nationale Grenzen. Sie sind auch Ausdruck von Ratlosigkeit in wirtschaftlich schwierigen Zeiten. In einem Klima der allgemeinen Verwahrlosung haben es extreme, straff organisierte Gruppen besonders leicht, einem Sechzehnjährigen von der Straße, den keiner will und keiner braucht, eine Rolle als Held und Soldat anzubieten, die Geborgenheit in einer Gruppe, einen Sinn, irgendeinen, in einem sonst nicht sehr hoffnungsfrohen Leben.

Zum Abschluß des Kapitels zwei Geschichten aus dem journalistischen Alltag, Momentaufnahmen. Nichts, das irgendwas Tiefes erklärt, Geschichten, die wohl nur die Ratlosigkeit des Chronisten unterstreichen.

Da wäre zunächst die Erinnerung an eine Beerdigung in Londonderry. Es wurden wieder einmal unter großer Anteilnahme der Bevölkerung zwei Mitglieder der IRA zu Grabe getragen, zwei junge Menschen, deren Leben schon zu Ende war, bevor es überhaupt eine Chance hatte, sich zu entfalten. Sie waren, wie es die IRA immer beschreibt, »als Soldaten im aktiven Dienst gefallen«. In diesem Fall waren die beiden mit einem Motorrad unterwegs gewesen, um einen Protestanten zu erschießen. Der Plan war der Polizei verraten worden, sie wurden erwartet. Von Kugeln durchsiebt fielen sie vom Motorrad, schon bevor sie ihr Ziel erreichten.

Erzählen will ich aber von einer Begegnung am Rande ihrer Beerdigung. Auf dem Weg zum Friedhof suchte ich den Haupteingang. Ein Hubschrauber schwebte in der Luft, im übrigen hielt sich die Polizei zurück. Das war sehr weise angesichts der großen, feindseligen Menge. Ein paar der Kinder fragte ich nach dem Weg. Sie waren fröhlich und hilfsbereit. Sie spielten – während wir uns unterhielten – auf dem Fahrersitz eines Lieferwagens herum, der für »Mother's Pride«, für die Großbäckerei »Mutters Stolz«, Brot anzuliefern schien. Wir verabschiedeten uns lieb, nun war ich auf dem richtigen Weg, und als ich noch einmal zurückschaute zu den freundlichen Kindern, sah ich, daß der Lieferwagen lichterloh brannte. Kurz darauf explodierte der Tank.

Erwachsene, die man hinter den Gardinen ihrer Fenster sah, reagierten darauf nicht anders, als sei der Briefträger gerade unterwegs. Ein gewisses Interesse war auf ihren Gesichtern wohl zu erkennen, auch Neugier, aber keinerlei Erregung, schon gar nicht Zorn. Niemand kam aus dem Haus, um zehn-, höchstens zwölfjährigen Buben eine Standpauke zu halten, weil eine an sich schon heruntergekommene, an jeder Hauswand mit Parolen beschmierte Wohnsiedlung von Menschen nun durch ein ausbrennendes Autowrack noch weiter verschandelt wurde. Auch die Feuerwehr würde ja weise genug sein, sich gar nicht erst in der unsicheren Gegend sehen zu lassen. »Joyriding und burning of cars«, Autos klauen, ein bißchen damit spazierenfahren und sie dann anzünden, so etwas ist in jenen Bezirken, in denen die Dinge einmal außer Kontrolle geraten sind, Spaß für Kinder. Chaos wird eine Form, zu leben. Soldaten ziehen in Belfast und Derry täglich durch die Einkaufsstraßen, feldmarschmäßig; einer springt, der andere sichert. Schnellfeuergewehre zwischen den Einkaufstüten gehören so selbstverständlich zum Bild des Alltags wie die Regenschirme. Niemand nimmt mehr Anstoß an irgend etwas.

Die zweite Geschichte, der Ort Belfast. Unser Kamerateam saß auf dem Rest einer abgebrannten Mauer, wir warteten auf den Sprecher des politischen Flügels der IRA. Um uns herum graue Häuser, überall die üblichen Parolen. Ich kam mit einem schmalen, etwas blassen jungen Mann ins Gespräch. Zu uns Journalisten sind sie meist sehr freundlich gewesen, die Extremen auf beiden Seiten. Mit ganz wenigen Ausnahmen. Nur untereinander, da bringen sie sich um.

Der junge Mann sprach von Deutschland. In der Bundesrepublik sei er schon zweimal gewesen, und es habe ihm dort auch gut gefallen. Plötzlich – ganz ohne besonderen Grund – wechselte das Gespräch zum Libanon. Ob ich schon einmal aus dem Libanon berichtet hätte? Nein, sagte ich. Und dann sagte er – leise, fast verträumt – in dieser herben Kulisse: »Nordirland, ja, Nordirland ist interessant. Aber Beirut ... Dies wäre mein ganz großer Wunsch: Einmal möchte ich Beirut erleben.«

Ich hätte ihm etwas sehr Überzeugendes antworten müssen, aber es ist mir dann doch nichts eingefallen.

»Wo ich bin, ist oben!«

Wir sollten noch einen Augenblick über Begriffe reden, vor allem über das Wort »britisch«. Sie werden schon gemerkt haben, hier geht es etwas durcheinander. Mal ist von englischen Königen die Rede, dann von den Briten. Da gibt es die Schotten und die Waliser. Und beide haben gemeinsam, daß sie die Engländer nicht mögen. Das heißt: Für manchen ist dieser Streit ein Thema für den feucht-fröhlichen Abend im Pub, so wie man in deutschen Kneipen manchmal von Bayern und von Preußen redet. Andere nehmen diese Unterschiede sehr ernst und kämpfen auch außerhalb der Pub-Öffnungszeiten für ein unabhängiges Schottland oder ein freies Wales.

Das Thema verdiente gewiß eine ernstere Behandlung, da in einer Zeit der wirtschaftlichen Krise das Wohlstandsgefälle einzelner Regionen die Sehnsüchte nach Trennung und Abgrenzung verschärft. So vernünftig es auch gewesen ist, daß Großbritannien sich schließlich doch der EG zugewendet hat: Durch das Umdirigieren der Warenströme aus einem britischen Kreislauf mit Filialen in aller Welt plötzlich hin nach Europa und nach Süden, ist Schottland automatisch ans Ende der Welt gerückt.

Die größte Versuchung für die Schotten, sich stärker von

der Regierung in London zu lösen, war die Entdeckung von Öl in der Nordsee. Viele hoch oben im Norden sahen einfach nicht ein, warum ein Reichtum, den die Natur so ausdrücklich vor ihrer Küste vergraben hatte, in die Kassen irgendeines Finanzministers in London fließen sollte. Auch politisch ist die Landkarte des britischen Königreichs ziemlich zerrissen. Wenn man absieht von ein paar Sitzen im Parlament von Westminster, die schottische oder walisische Nationalisten errangen, dann haben bei den letzten Wahlen in Schottland und Wales die Sozialisten der Labour-Partei dort solide Mehrheiten verbucht, während England Margaret Thatcher wählte. Die englischen Wahlkreise und daher auch die englischen, überwiegend konservativen Mandate im Parlament sind eine so erdrückende Mehrheit, daß die beiden anderen Regionen sich schon wieder einmal von den Engländern bevormundet fühlen.

Also, sowohl die Schotten als auch die Waliser halten die Engländer für eine aufdringliche, fremde Rasse, und alle zusammen sind sie Briten. Was nun aber das gemeinsame Britische ausmacht, darüber hat die Wissenschaft wenig erforscht. Britisch ist zum Beispiel, daß es Schotten, Waliser und Engländer gemeinsam urkomisch finden, wenn Ausländer versuchen, sie zu begreifen. Erstens: Sie sind ganz sicher, daß allen, die nicht britisch sind, die Kultur, die Instinkte, die historische Reife fehlen für ein so anspruchsvolles Vorhaben. Und zweitens ist ihnen auch ziemlich egal, was andere von ihnen halten.

Das bedeutet natürlich nicht, daß man anderen gegenüber keine Rücksicht nähme. Eher ist es die Entschlossenheit, einmalig zu sein. Das britische Temperament ist eine gemeinsame Spezialität, diese ausgeglichen-stabile, schwer erschütterliche Seelenlage. Aber hier gibt es schon wieder Differenzen. Da wäre einerseits der Gentleman, dem man auf den Fuß getreten ist, und er entschuldigt sich auch noch dafür. Und dann wäre da der Fußballfan, der ganze Innenstädte verwüsten kann – nur so, aus Lebensfreude oder aus Stolz auf seinen Verein.

Fairplay und hirnloses, hemmungsloses Aufeinanderdreschen als Triebe aus derselben Seele. Ein Mekka des Fußballsports, mit dem die anderen nicht mehr spielen mögen. Doch selbst die Aufgeregtheit dieser rauflustigen Truppen ist kein permanenter Spannungszustand. Sie kann an- und abgeschaltet werden, wenn der Fan die Farben einer fremden Mannschaft sieht. Instinkte, die von einigen Rädelsführern mit seltsamen nationalistischen Ideen sehr leicht gereizt werden können. Aber mit Politik und sozialen Härten ist der blutige Rausch kaum zu erklären. »Wenn junge Leute das Geld haben zu reisen und das Geld für die teuren Eintrittskarten«, so grübelte eine ratlose Regierungschefin nach einem der immer wiederkehrenden Krawalle, »dann kann es doch nicht Armut sein, die sie dazu treibt, alles kurz und klein zu schlagen ...« Wohl gibt es solche Fußballkrawalle auch in anderen Ländern. Aber irgend etwas im britischen Wesen befähigt die Fans in den Hemden mit dem Union Jack, die anderen an Raserei und Ekstase zu übertreffen.

Auf einer Insel geboren zu sein ist ganz sicher ein äußerst britischer Faktor. Ich erinnere mich an ein Gespräch mit Enoch Powell, der über Jahrzehnte im Parlament kreuz und quer durch alle politischen Linien stürmte. Wir sprachen über Europa. »Wissen Sie«, sagte der Veteran so vieler parlamentarischer Schlachten, »jedesmal, wenn ich aus dem Flugzeug oder aus dem Schiff auf das europäische Festland steige, erfaßt mich ein Schaudern. Stellen Sie sich vor: Nichts mehr zwischen dir und Wladiwostok!« Ich hatte in einem Europa so vieler kleiner Staaten dieses beängstigende Gefühl der Weite noch nie gespürt. Aber Powell schilderte auf geradezu mitreißende Art, welche Dimension der Geborgenheit es doch sei, da, dort und in jeder Richtung spätestens nach ein paar hundert Meilen den Schutz des Meeres zu erahnen.

Das Individuelle, Private, Zurückgezogene ist britisch, Hilfsbereitschaft, Rücksichtnahme. Was ganz sicher nicht britisch ist, sind Richtlinientreue und Bürokratie. Logik wird in den Grenzen des gesunden Menschenverstandes gehalten. Das beginnt damit, daß man sich nicht gern in abstraktem, grundsatzhaftem Denken verliert, und endet damit, daß ein Zug nicht unbedingt deshalb schon um 8.10 Uhr aus der Halle des Viktoria-Bahnhofs rollen muß, weil es so im Fahrplan steht.

Bereits um 1900 hatte ein deutscher Land-und-Leuteführer den englischen Eisenbahngesellschaften den Vorschlag unterbreitet, sie sollten korrekterweise in ihre Fahrpläne schreiben: »Dieser Zug verläßt Viktoria nicht *vor* 8.10 Uhr!«

Wo immer andere Nationen an ihren Vorschriften kleben, selbst wenn sie unsinnig sind, regelt sich das meiste im britischen Alltag durch Verständnis und guten Willen in einer ganz besonderen Situation. Mag sein, daß der Mechaniker, der kam, um den Fernsehapparat zu reparieren, nur mäßig viel von Fernsehgeräten versteht. Aber er hilft einem notfalls, Möbel in die Garage zu schleppen, und bringt mit ein paar Handgriffen den Ausguß wieder in Ordnung. Denn eigentlich ist er auch Maler und hat noch weitere Hobbies und Berufe. Auf keinem Gebiet perfekt, aber vielseitig.

Dies bringt mich darauf, Ihnen John vorzustellen. John ist so ein Fall einer ungeregelten Begabung. Eigentlich ist er ein Lord. Aber er repariert verstopfte Wasserrohre, hackt Holz, schleppt Kohlen- und Kartoffelsäcke. Er war schon Komparse beim Film, Ausrufer in der Bingo-Halle, Offizier der Irish Guards, Wildhüter und Lastwagenfahrer. So richtig gelernt hat er nichts, der 32. Lord aus der Dynastie der Kingsales.

Einer seiner Vorfahren, auch er hieß John, wurde 1165 mit dreihundert Mann von Heinrich II. nach Irland geschickt, um genau jenen Norden zu unterwerfen, der der britischen Krone heute solches Kopfzerbrechen bereitet. Jener Vorfahr damals entledigte sich des königlichen Auftrags mit so viel Erfolg und Brutalität, daß – wie die Sage überliefert – einer der irischen Priester sterbend einen Fluch auf ihn schleuderte: Die Familie des englischen Eroberers solle arm bleiben bis in die letzte Generation!

Ob das nun wirklich stimmt mit dem fluchenden Druiden, ist heute nur noch schwer nachzuprüfen. Die Geschichte mag auch ein bißchen auf die spätere historische Entwicklung zugeschnitten sein. Denn die Kingsales sind über zweiunddreißig Generationen arme Leute geblieben. Zwar wurde der erste John Kingsale von Heinrich II. zum Lord geschlagen und mit riesigen Ländereien belohnt – sein Besitz umfaßte so alles in allem sechzehn Dörfer –, doch schon bald hatte die Familie ihr Vermögen durchgebracht, verspielt, nicht recht bewirtschaftet, den falschen Verwaltern anvertraut. Kamen die Kingsales zwischendurch mal zu Geld, dann war es in Rekordzeiten wieder zerflossen. Der letzte größere Bankrott in der Familie war 1965. Johns Mutter hatte geerbt, und man gründete eine Fabrik für Körperöle. Aber keiner verstand etwas von Körperöl, von dessen Produktion und von einem erfolgversprechenden Vertrieb. Schon wieder hatte der uralte Fluch des Priesters seine schreckliche Wirkung getan.

Als wir John im Dorf Brewham in Somerset besuchten,

war er gerade in der Küche der Gastwirtschaft »Old Red Lion« damit beschäftigt, den Ausguß zu reparieren. Sein Honorar: drei Pint Bier und fünf Pfund in die Hand. Prost auf den Fluch des Druiden!

In seinem bescheidenen ländlichen Zuhause zeigte uns John das alte Familienwappen. Und dann kramte er aus einem Karton ein Symbol der Pracht hervor, das ihm sein Großvater vererbt hatte: eine Robe. Großvater Michael hatte sie 1953 zum letztenmal öffentlich getragen. Das war, als sich die Noblen und die Mächtigen im Lande versammelten, um der Krönung Elisabeths II. beizuwohnen. Johns Vater war im Zweiten Weltkrieg gefallen, so daß der Titel und der Pappkarton mit der Robe – viel mehr gab es da nicht zu erben – direkt an den Enkel übergingen. Der Kragen des prunkvollen Kleidungsstücks ist üblicherweise bei derart altem, hohem Adel Hermelin. Es ist wohl aber bei der Krönung nicht weiter störend aufgefallen, daß der Kingsale im Kaninchenfell erschienen war.

Nie wieder habe ich einen derart fröhlichen, selbstbewußten Armen getroffen wie diesen Lord. Denn innerlich hat ihn das Armsein nicht berührt. Die Reichen, Strebsamen und Ehrgeizigen, sie können seine hohe Stellung in der britischen Gesellschaft auch mit noch soviel Geld nicht erreichen. John Kingsale ist jedem Herausforderer im sozialen Duell um gut achthundert Jahre voraus. Seine Erziehung, sie ist weder durch Streberei noch durch intellektuelle Übertreibungen belastet. Er ging in eine jener feinen Schulen, die die Söhne aus gutem Hause zum Leben in einer Welt befähigen, die es selbst in England schon gar nicht mehr gibt. Er ist sportlich, liebt das Jagen, einwandfreie Tischmanieren, ist sattelfest im stilvollen, unverbindlichen Parlieren, voller Lust an bissigen Scherzen über sich selbst. Das einzige, was ihn manchmal kränken kann, ist dieses Vorurteil gegen seine Qualifikation als Klempner. Leute mit schwächlichem Vertrauen im ländlichen Somerset wenden sich in der Not bei verstopften Rohren eben doch an den Fachmann zwei soziale Klassen tiefer, weil sie meinen: »Na, schön, er ist Lord, als Klempner kann er wohl nichts taugen.«

»Klar«, versichert Kingsdale, »Großbritannien ist immer noch eine Klassengesellschaft. Ich bin Vorsitzender in sechs dörflichen Komitees. Man bittet mich, Feste zu eröffnen, bei offiziellem Anlaß sitze ich am Tisch der Ehrengäste. Was kann mir schon passieren? Ich bin auf der sozialen Leiter ganz oben!«

Doch halt, bevor wir uns nun völlig berauschen an Tradition und Klasse, an der Unverwüstlichkeit des Mittelalters: Übertreibst du nicht doch ein bißchen, John? Bist du nicht ein aus der Zeit gekommenes, hübsches Klischee? An der Börse in London sind die Computer mit aller Welt direkt verbunden, Milliarden fließen in Sekundenschnelle von Kontinent zu Kontinent, der Satellit im Weltraum wirft Ideen und Diagramme von England überall hin und zurück. Was hilft's, wen stört da noch die Robe eines Lords?

Ist Geschichte nicht doch nur ein Märchen, ist die Zeit nicht längst an den Schwächen und am Charme von gestern vorübergebraust? Japaner denken wie Deutsche; England funktioniert wie Amerika; in Asien, Afrika und Australien vollzieht sich der Fortschritt nach den Gesetzen der strengen Wissenschaftlichkeit. Oder nicht? Man muß die bunten Gestalten von gestern im Rahmen eines britischen Alltags sehen, in dem sie einem wochenlang nicht zu schaffen machen. Man begegnet ihnen nicht, man denkt nicht an sie. Aber dann irgendwann versagen Logik, Politik und Computer. Und auf der Suche nach einer Erklärung für etwas, das man sich sonst beim besten Willen nicht erklären kann, fällt einem Heinrich VIII. ein, und plötzlich kommt es einem so vor, als sei jeder Fortschritt nur eine modische Verirrung.

Testen wir den Alltag an einem reichen Lord. Einem Lord, der mir persönlich nie begegnet ist, der aber dennoch auf eine sehr spürbare Weise in meinen Alltag und in meine wirtschaftlichen Verhältnisse eingegriffen hat.

Das Geschlecht der Cadogan kommt eigentlich aus Schottland. Dort halten sich die Cadogans auf, reiten, jagen, treiben Landwirtschaft. Irgendwann in den vergangenen Jahren muß ein Cadogan größeren Grundbesitz fern von Schottland in der englischen Stadt London erworben, geerbt oder beim Spielen gewonnen haben. Sie sehen, ich kenne die Geschichte dieser Familie nicht.

Erst an einem Punkt wird mein Wissen etwas konkreter: Den Cadogans gehört ein größeres Areal des vornehmen Londoner Stadtteils Knightsbridge und des bunten Chelsea, wo am Sonnabend die Punks und die Skinheads und alle möglichen originell gekleideten Menschentypen zur Unterhaltung der Touristen die King's Road herauf- und herunterspazieren. Die Gegend ist auf dem Stadtplan klar und deutlich auszumachen, Straßen mit so originellen Namen wie »Cadogan Square«, »Cadogan Place«, »Cadogan Lane«... Und in einer dieser Straßen habe ich einmal gewohnt.

Die Mietpreise sind in London allgemein ganz beachtlich, jedenfalls in der Innenstadt. Und ein Grund dafür, daß das Wohnen dort so teuer ist, ist eine Struktur des Grundbesitzes, die sich erstaunlich heil vom Mittelalter ins 20. Jahrhundert hinübergerettet hat. Den Bedfords, den Westminsters, den Cadogans und anderen alten Familien gehören dort der Grund und Boden. Dieses Land haben die Dukes und Lords und Earls auch nie verkauft, nur vermietet, höchstens auf neunundneunzig Jahre. Wer immer auf diesem Land

Häuser baute, Häuser kaufte oder – wie ich – auch nur eine Wohnung mietete, tat dies in dem Bewußtsein, daß mit jedem Jahr der Zeitpunkt näher rückt, an dem ein Lord seinen Grund und Boden wiederbekommt. Und zwar samt Haus, samt sämtlichen Wohnungen, die darauf errichtet wurden. Entsprechend ist in den Kauf- oder Mietpreis ein schneller Abnutzungsfaktor einkalkuliert.

Man kauft zum Beispiel eine Wohnung am Cadogan Square, deren »lease«, deren Pacht, noch zwanzig Jahre beträgt. Diese Wohnungen oder Häuser sind natürlich billiger, weil der stolze Besitzer nach exakt zwanzig Jahren den Haustürschlüssel artig und ohne Gegenleistung beim Earl of Cadogan abzugeben hat. Und dann gehört das Haus wieder dem. Ist die »lease« noch fünfzig oder gar neunzig Jahre, dann wird der jetzige Earl das Gebäude zwar nicht wieder zurückgeschenkt bekommen, aber sein Enkel oder Urenkel. Das warten die Cadogans geduldig ab. Verkaufen wird der von früheren Königen Belehnte seine vielen Grundstücke nie. Das wäre nicht fair den Enkeln gegenüber. Denn bei einem Besitz von – sagen wir – fünfhundert Häusern fallen rein rechnerisch für jede Generation Jahr für Jahr fünf Millionenobjekte an den Landlord zurück. Und davon können die Dukes, Lords oder Earls auch das nächste Jahrtausend überleben, ohne je auf stillose Weise dem Geld nachjagen zu müssen. Durch Arbeit beispielsweise.

Die Philosophie eines solchen Lebens der Oberklasse hat der Historiker Peter Lane in seinem Buch »The Upper Class« am Beispiel eines Mannes von Familie sehr eindrucksvoll beschrieben. Als der junge Adlige achtzehn wurde, ging er zu seinem Vater und schnitt die seltsame Frage an: »Ich bin jetzt erwachsen, was soll ich werden?« Der Vater soll nach der ersten Verblüffung über diese pubertäre

Verirrung vor Zorn explodiert sein: »Was heißt das: Was soll ich werden? Du bist!«

Es wäre allerdings unfair, zu verschweigen, daß schon vor dem Ersten Weltkrieg der damalige Schatzkanzler und spätere liberale Premierminister Lloyd George den revolutionären Einfall hatte, für die von Wilhelm dem Eroberer oder Heinrich III. und späteren Königen mit riesigen Ländereien belehnten Familien die Steuerschraube langsam anzuziehen. Die wirklich reichen Familien nahmen sich daraufhin gute Steueranwälte und wurden in den Jahren darauf eher reicher. Nur einige, die etwas unachtsamen Adligen, wurden Opfer dieser modernen sozialstaatlichen Sitten und verarmten. Einen davon haben wir mit unserer Filmkamera in der Stunde seiner höchsten Not besucht: Henry Harper Crew.

Etwa zehntausend Hektar Land hatten einst den Harper Crews gehört, ein riesiger Park und dreißig verpachtete Bauernhöfe, verstreut über neun Dörfer. Calk Abbey, das Herrenhaus, hatte etwa einhundert Zimmer. Das heißt, es hat immer noch etwa einhundert Zimmer. Niemand hat sich über Generationen die Mühe gemacht, einmal nachzuzählen. Henry ist der letzte seiner Dynastie. Die Familie – seit sechzehnhundertsoundso – war immer etwas eigenwillig. Nicht unenglisch alles in allem, nur manchmal übertrieben sie es mit der Liebe zur Jagd und mit dem nationalen Leitsatz: My home is my castle.

Als Henry in den achtziger Jahren dieses Jahrhunderts alles erbte, sollen Schloß und Ländereien immer noch fünfzig Millionen Mark wert gewesen sein. Auch das hat niemand so genau nachgeprüft. Erst die Leute vom Finanzamt – mit spießiger Genauigkeit – rechneten und zählten und präsentierten dem verblüfften Erben eine Forderung von dreißig Millionen an Erbschaftssteuer, zahlbar sofort!

Das alles hätte sich nach den mysteriösen Regeln des

britischen Steuerrechts vermeiden lassen, hätte der Vorbesitzer, sein älterer Bruder Charles, ein Testament hinterlassen. Aber Charles, er war kein Mann, den das Zweckmäßige, Juristische und Neuzeitlich-Notwendige auch nur im allergeringsten interessierten. Charles hatte im Gestern, in einem überzeitlichen ländlichen England gelebt, dem Reiten und dem Jagen hingegeben, so gut wie abgeschlossen von der Außenwelt. Und diese Leidenschaft teilte er mit einer langen Reihe von Vorfahren, die selten Gäste hatten, selten ihren Grundbesitz verließen.

Die Besitzungen der Harper Crews, sie waren das England der Kohlenreviere. Lady Chatterley ist durch diese zeit-, wert- und bewußtseinsgespaltene Landschaft spaziert, hin und her gerissen zwischen den Konventionen der Herkunft und den Trieben des Lebens. England, mein England, ließ Lawrence seine Heldin stumm und schmerzvoll klagen: Welches ist denn nur mein England?

Beide Welten, die der Dichter nach dem Ersten Weltkrieg beschrieb, existieren noch heute in diesem Nebeneinander. Nur heute sind eigentlich beide aus der Zeit gekommen. Dem gedrückten England der Kohle gehört die Zukunft ebensowenig wie dem »old coaching and cottage England«.

Zurück zur Familie Harper Crew, der Dynastie aus dem englischen Landadel, die Mitte der achtziger Jahre so plötzlich zu Ende ging. Es war eine erregende Phase von ein paar Monaten nur, in der die Herrschaft des absolut Privaten abriß und abgelöst wurde von der Errettung durch die öffentliche Hand. Denn der letzte einer alten Familie hatte schließlich das Glück, den National Trust, die Stiftung für das nationale kulturelle Erbe, für sich, seine Not und das Herrenhaus seiner Ahnen interessieren zu können. Es war ein Handel mit dem Fiskus: Das Haus der Harper Crews wurde der Stiftung als Museum geschenkt, und dem letzten Erben wurden seine Steuerschulden erlassen.

Calk Abbey ist weder das größte noch das schönste Herrenhaus im Reich Ihrer Britischen Majestät. Die Einrichtung ist nicht aus dem Rahmen fallend wertvoll und nicht einmal besonders alt. Und doch waren sich die Experten im mit Antiquitäten so reich gesegneten England einig, daß sie etwas wie dieses Herrenhaus in Derbyshire nicht wieder zur Erhaltung und zur späteren Besichtigung durch die Öffentlichkeit angeboten bekommen würden. Es war, so beschrieben es die großen Zeitungen, als hätte man im Tal der Könige in Ägypten plötzlich ein neues, noch nie geöffnetes Grab eines Pharaos gefunden.

Von der Eigenwilligkeit der Familie hab ich ja schon erzählt. Die Harper Crews hatten seit Generationen nicht nur diese Abscheu vor der Außenwelt, sondern auch eine Tugend, eine etwas übertriebene Form von Sparsamkeit, niemals etwas wegzuwerfen. Als wir Henry Harper Crew besuchten, kurz bevor der National Trust das Haus übernahm, führte uns der Hausherr durch eine Kulisse, die kein Märchendichter und kein Hollywood-Regisseur verwunschener und skurriler hätte erträumen können.

Gesegnet oder auch geplagt mit fast unendlichen Fluchten von Zimmern, hatten die Harper Crews in den letzten achtzig oder einhundert Jahren die Zimmer nicht Generation um Generation voneinander übernommen, umgeräumt oder gar modernisiert. Wenn einer starb oder wenn ein Zimmer aus irgendeinem anderen Grunde nicht mehr im alten Zustand genutzt werden konnte oder sollte, dann wurde es einfach abgeschlossen. Alles im Raum blieb so stehen und liegen, wie der letzte die Szene verlassen hatte.

Als wir kamen, um Henry Harper Crew zu besuchen, wanderten wir wie durch einen Spiegel von Zeit zu Zeit.

Hier hatte der Ur-Urgroßvater sein Zimmer gehabt, dort der ganze Flügel, das waren die zwanziger Jahre, dann das Kinderzimmer der letzten Dynastie – komplett mit allen Schaukelpferden und Zinnsoldaten, das Zimmer der Großtante, die Schränke voller Kleider aus jedem Stadium ihres Lebens, Uniformen eines Hauptmanns um die Jahrhundertwende.

Der Hausherr ging mit uns treppauf, treppab, durch Schluchten von ausgestopften Vögeln, Füchsen, Hirschgeweihen, Fischen, Krokodilen. Denn das Schießen daheim und manchmal eben auch auf Reisen ist nun einmal die Leidenschaft dieser englischen Familie gewesen. Wir kämpften uns an Galerien von ölgemalten Vorfahren vorbei. Irgendwo unter dem Staub einer vierzig Jahre lang ungeöffneten Truhe kramte der Hausherr ein vergilbtes Foto hervor und stellte mit leuchtenden Augen fest, dies müsse seine erste Liebe gewesen sein. Möbel und Bücher, Vasen und Lampen, viktorianische Feuerlöscheimer aus Leder, Taschen, Gewehre: alles stehengelassen und abgeschlossen, Zimmer um Zimmer, Trakt um Trakt. Irgendwo auf der Fensterbank im Flur muß ein junger Mann nach einem eiligen Match seine Tennisschuhe unsorgsam hingeworfen haben. Das muß so etwa vor vierzig Jahren gewesen sein. Daneben ein toter Vogel, ein bißchen eingetrocknet und doch fast wie schlafend. Vielleicht hat er sich vor drei, vielleicht schon vor zwanzig Jahren in dem herrschaftlichen Gebäude verflogen.

Mir ist nicht ganz klar, wie dieser besondere Charme in einem Museum erhalten werden kann. Calk Abbey in Derbyshire müßte inzwischen wieder geöffnet sein. Irgend jemand hat in den frühen siebziger Jahren den radikalen Vorschlag gemacht, man solle doch Großbritannien, da es zum industriellen Wettbewerb ohnehin keine Leidenschaft zeige, in eine Art riesiges Disneyland verwandeln: das Königreich lassen, wie es ist, und ausstellen für die Touristen der Welt.

Der Gedanke ist insbesondere von Briten wie Margaret Thatcher nicht gerade mit Beifall aufgenommen worden. Aber die wirtschaftliche Bedeutung der Touristenindustrie Großbritanniens steigt. Der Grund ist gewiß nicht nur, daß die Bauten älter und architektonisch interessanter wären als in Griechenland oder in Rom. Aber anderswo in der Welt ist der Bruch zwischen der Geschichte und dem Alltag heute krasser, endgültiger, ernüchternd schärfer gewesen als in diesem Land. Ein Königshaus zu haben und eine zwar abbröckelnde, aber irgendwie noch intakte Infrastruktur der Dukes und Lords verleiht jedem Denkmal, jedem alten Gebäude und jeder bunten Militärkapelle in England oder Schottland und Wales eben doch die Dimension, die anderswo in der Geschichte verlorenging.

Oberklasse, Mittelklasse, Arbeiterklasse, die Wahl der Schule, die Sportart, die Sprache, die Kleidung – nicht die teure, sondern die ländlich-legere –, der Stadtteil, in dem man wohnt. Dies mag anderswo auf der Welt ganz klar eine Frage des Geldes sein, im Vereinigten Königreich hat es auch heute noch Züge einer selbstgewählten Apartheid. Die einen halten sich von den anderen fern; hier wehrt man sich verzweifelt gegen den gesellschaftlichen Abstieg, dort spürt man keine besondere Lust, irgendwohin aufzusteigen.

Zum erstenmal habe ich die Verwirrung des Fremden auf dem Schachbrett der Klassen gespürt, als ich zu einem Parteitag in Blackpool war. Das Seebad wurde zur Zeit der Dampfmaschine groß, als ganze Betriebe aus Manchester und den umliegenden Städten in Blackpool die kurze Zeit ihrer Freizeit verbrachten. Der aufstrebende Bankmanager aus London, der Professor aus Cambridge, der Arzt, der Beamte aus dem Außenministerium – niemand hat es ihnen seitdem untersagt, nach Blackpool zur Erholung zu gehen. Oder nach Weymouth, Southend-on-Sea, überhaupt in irgendein Bad an der englischen Küste. Aber sie fahren dort eben nicht hin, jene etwas Gehobenen, die den Eindruck haben, daß sie zu einer besseren Klasse gehören. Den Strand, an dem sie gemeinsam liegen, in der Badehose und vor den Wellen des Meeres alle gleich, diesen Strand gibt es allenfalls in Spanien, nicht daheim.

Die Sprache ist der andere Schlagbaum quer durch die Nation. So mancher Europäer, der vom Festland nach London zieht, träumt davon, sich den vornehmen englischen Akzent anzueignen, den mit geschlossenen Nasenflügeln und steifer Oberlippe erzeugten Klang der Ladies und Gentlemen. Aber zu sprechen, wie man auf der Fuchsjagd oder in Oxford oder im Kaufhaus Harrods spricht, das heißt auf lange Sicht sich klar mit dem einen von zwei Englands zu identifizieren.

George Bernard Shaw, ein Ire, der die Gabe besaß, die Dinge von tiefem Ernst mit lockerer Ironie auf den Punkt zu bringen, hat es in »Pygmalion« beschrieben, jenem Stück, das lange nach seinem Tod als Musical »My Fair Lady« Triumphe feierte. So wie der tollkühne Wissenschaftler im Labor die außergewöhnlichsten Experimente wagt, einer Katze den Kopf eines Hasen aufzupflanzen oder Leben im Reagenzglas zu erzeugen, so ließ Shaw einem Mädchen vom Londoner Blumen- und Gemüsemarkt durch außergewöhnliche Methoden und letztlich durch die Kraft der Liebe die Sprache der Leute aus den feineren Stadtteilen Londons in die Unterklassenseele pflanzen. Nicht, daß es gelang, aus einem Blumenmädchen eine Lady zu machen, war der Triumph. Ihre Sprache, ihr Akzent, die Erkennungsmelodie ihrer Herkunft wurden mit den tollkühnen Mitteln der Wissenschaft herausoperiert und durch den sprachlichen Klang einer anderen menschlichen Rasse ersetzt.

Als der Film mit Audrey Hepburn ins Deutsche synchronisiert wurde, hatte jemand den genialen Einfall, das Cockney der englischen Fassung ins Berlinerische zu übersetzen. In den Kostümen einer früheren Zeit machte das Ganze nun auch auf deutsch einen der Absicht des Autors angemessenen Sinn. In Berlin wird gewiß auch heute noch Dialekt gesprochen, aber er unterscheidet die Bewohner dieser Stadt von den Bayern, den Hamburgern oder Kölnern. Der Berliner mit der Sprache als Mauer von Klasse zu Klasse, der ist wohl doch irgendwann mal mit dem Hauptmann von Köpenick, dem Monokel und dem Handkuß aus der Mode gekommen.

Erinnerungen an eine gescheiterte Revolution

Wir saßen in einer Bar in Soho und sprachen über dies und das, über Großbritannien und den Rest der Welt, über Duschen und Omnibusse natürlich, über Tradition und technische Entwicklung, eins der üblichen Weltverbesserungsgespräche in der Kneipe. Seinen Namen will ich nicht nennen, er ist in den oberen Etagen der BBC ergraut. Das ist eine so durch und durch britische Form des Lebens, die mit Vorschriften und Parteipolitik nicht annähernd so verflochten ist wie bei uns, die dafür die Spielregeln des britischen Alltags in einer Weise verinnerlicht hat, daß es mir manchmal schien, die Gentlemen würden bereits in gestreiften Anzügen geboren. Einer von jenen also, die das Angemessene nicht erst lernen und nicht damit ringen müssen, weil sie selbst es ja verkörpern wie der Auswärtige Dienst und das Königshaus, er gab mir den Wegweiser für Erfolg und Seelenruhe in seinem Land: »Never try to change the system, fiddle it!«

Es ist nicht leicht, diesen schwergewichtigen Satz in eine andere Sprache zu übersetzen. Man muß sich dazu das System der britischen Gesellschaft vorstellen wie eine Maschine mit vielen sich drehenden und einigen auch etwas schwerfälligeren Teilen. Und wer an diesem Apparatismus nicht die gewünschten Erfolge hat, für den lautet der Rat eines Hierarchen von der BBC: »Versuche auf keinen Fall, etwas Grundsätzliches zu ändern, frisiere und verstelle das Ding zu deinem Vorteil!«

Nun ist das eine Devise, die ich meistens beherzigt und manchmal auch wieder vergessen habe. Manchmal will man sich ja ärgern und weiß genau, es ist sinnlos. Es gibt aber dem Ausländer zum Trost auch Briten, die diese eherne Weisheit nicht wahrhaben wollen: Revolutionäre, resolute, radikale, etwas aus der britischen Art geschlagene Weltverbesserer. Zwei solcher unbritischen Temperamente haben sich in den Jahren 1984 und 1985 zwölf Monate lang eine gigantische Schlacht geliefert, die das Land erzittern ließ. Es war die Revolte der Bergarbeiter, die eine ungeliebte Regierung stürzen wollten. Oder andersherum ausgedrückt: Es war die lange anstehende und von allen erwartete große Vernichtungsschlacht der Regierung gegen die britischen Gewerkschaften.

Die Anführer und Helden auf beiden Seiten waren Margaret Thatcher und der Bergarbeiterführer Arthur Scargill. Politisch hatte sich ihr Weg schon zehn Jahre zuvor gekreuzt und wechselseitig beeinflußt. Denn die Gewerkschaft der Bergarbeiter hatte 1974 die konservative Regierung Edward Heath zu Fall gebracht und dadurch den Grundstein gelegt für den Aufstieg einer resoluten Frau in dieser Partei, die antrat, am britischen Gewerkschaftswesen nicht nur hier und da herumzufrisieren, sondern die Arbeitswelt grundlegend zu verändern.

Auch Arthur Scargill ging es nicht um kleine Reformen, nicht nur um mehr Lohn oder mehr Urlaub für die Bergarbeiter. Das gesamte System der kapitalistischen Wirtschaft ist ihm ein Graus. Es sind später Rechnungen aufgemacht worden, was die gigantische einjährige Schlacht der beiden politischen Lager gekostet hat. Waren es sechs Milliarden Pfund, oder waren es mehr? Margaret Thatcher sollte später, nach dem Sieg, erklären, das Geld – wieviel es auch immer gewesen sein mag – sei für die Zukunft Großbritanniens gut investiert.

Man muß, um die beiden Temperamente zu verstehen, nicht nur auf ihre politischen Programme schauen. Man muß auch versuchen, einen Blick auf das zu werfen, was sie formte, das Elternhaus, die Sicht des Lebens schon in frühen Jahren.

Um Margaret Thatcher und ihre Mission zu begreifen – so schreiben übereinstimmend alle ihre Biographen –, müsse man die Welt an den Werten einer kleinen Stadt in Mittelengland messen. Die kämpferische Prophetin des Kapitalismus stammt nicht aus vornehmem, reichem Haus. Alles, was sie erreichen wollte, mußte hart erarbeitet werden. Ihr Vater, der Lebensmittelhändler Roberts aus Grantham, war ihr Mentor, ein Mann mit strengen Prinzipien. Nichts von anderen erwarten, schon gar nicht vom Staat! Selbst erledigen, was man sich vorgenommen hat! Jeder trägt die Verantwortung für sein eigenes Schicksal!

Die Roberts wohnten gleich über ihrem Laden, Tochter Margaret Hilda mußte zugreifen, schon als Kind. Regelmäßig ging sie in die Sonntagsschule und in die Kirche. Abends haben Vater und Tochter die Kunst des politischen Debattierens geübt. Sie waren nicht nachsichtig gegenüber Leuten mit schwächlichem Elan, gegenüber Leuten, die jammern, ohne anzupacken, sie waren nicht nachsichtig gegenüber sich selbst.

Wann immer die spätere Premierministerin über ihre Jugend ausgefragt wurde, über die Mutter hat sie nie viel gesagt. Die Mutter war da, eine Hilfe und seelische Stütze für den Mann. Irgendwelche feministischen Parolen von einer neuen Rolle der Frau in der Gesellschaft wurden weder im Elternhaus mit Leidenschaft emporgehalten, noch hat Margaret Thatcher später etwas klagend angefordert. Sie tat und erreichte, was sie sich zum Ziel gesetzt hatte, und mühte sich ab, besser zu sein als all die Männer um sie herum.

In der Schule, der Grantham Girls School, wurde sie von ihren Lehrern als strebsam, frühreif und auffallend selbstbewußt beschrieben. Margaret Hilda Roberts erpaukte sich ein Stipendium der Naturwissenschaften in Oxford. Vier Jahre war sie Chemikerin in einem Industrielabor und studierte nebenher Jura. Von ihrem Rechtsempfinden ist später in der politischen Diskussion des Landes nie viel Aufhebens gemacht worden, wohl aber von den Tugenden der Naturwissenschaftlerin, von ihrer Leidenschaft, Zusammenhänge zu begreifen, ihrer Detailbesessenheit.

Im Jahr 1951 heiratete sie einen Major der Royal Artillery und späteren Direktor verschiedener Gesellschaften. Im öffentlichen Leben spielt Dennis Thatcher seither eine Rolle, wie sie in Grantham über dem Lebensmittelladen der Mutter zugefallen war. Er äußert sich öffentlich weder zur Politik noch zu irgendwelchen Fragen. Selbst in Wahlkämpfen gilt es als eine von den Journalisten zu akzeptierende Regel, keine Fragen an den Ehemann der Eisernen Lady zu stellen. Nicht einmal, ob er sie wählen werde oder ob er glaubt, seine Frau werde wieder einmal gewinnen.

Die beiden Kinder der Thatchers – Sohn und Tochter – sind Zwillinge. Als Mark und Carol geboren waren, so sagte sie einmal in einem Fernsehinterview, da habe sie über ihr bisheriges Leben Bilanz gezogen: Heirat, Kinder, alles unter Dach und Fach, jetzt die Politik!

Auf der anderen Seite der Gegenspieler in jenem gigantischen Kampf des politischen Denkens: eine kleine drahtige Erscheinung mit unkontrollierbaren roten Haaren. Arthur Scargill ist geboren und aufgewachsen in einer Bergwerkssiedlung in Süd-Yorkshire. Es gab kein elektrisches Licht, das Klo war draußen im Garten. Die ersten prägenden Geräusche, an die sich der Junge erinnern kann, ist das Geräusch schwerer Bergwerkstiefel auf dem Kopfsteinpflaster zwischen den steil ansteigenden, rußgeschwärzten Häuserschnüren der Straße Pantry Hill von Worsbrough. Sie waren das sichere Zeichen, daß der Vater nach Hause kam.

Arthur Scargills schulische Leistungen waren eher unter dem Durchschnitt. Kaum, daß eine Aufgabe gestellt war, so erinnern sich seine Lehrer, habe der kleine Arthur sich forsch zu Wort gemeldet und gesagt, er sei fertig. Dennoch, als Zwölfjähriger schon hat er viel gelesen: Mark Twains »Huckleberry Finn« in einer Nacht. Später las er sämtliche Romane von Jack London, von Charles Dickens und schließlich Marx und Engels. Mit zwölf hatte ihn sein Vater auch schon zu den Versammlungen der kommunistischen Partei mitgenommen. Die Geschichten vom sozialen Elend des 19. Jahrhunderts und die Geschichten von den Arbeitskämpfen der Bergleute von Yorkshire begannen in einer unruhigen Seele zu verschmelzen.

Mit fünfzehn Jahren verließ er die Schule und ging ins Bergwerk. Mit siebzehn Jahren führte er die Lehrlinge der Grube Wooley in den ersten Streik. Die Arbeitsbedingungen der jungen Leute waren gnadenlos. In dem Staub konnte man nicht einen Meter weit sehen, in dem Krach war eine Verständigung nur durch Handzeichen möglich. Jener erste Streik des Arthur Scargill hatte die langen Arbeitszeiten und die mangelhafte Ausbildung der jungen Leute zum Anlaß. Weder die Direktion der Grube verstand die Klage – noch die

Gewerkschaftsführung. Der Vorstand der Betriebsgruppe schloß den siebzehnjährigen Unruhestifter aus der Gewerkschaft aus, der Kreisverband widerrief seine Strafe. Drei Jahre lang bekam Arthur Scargill nun Aufgaben zugeteilt, die ihn während der Arbeitszeit weit entfernt hielten von seinen Kollegen. Sein Bild von einer idealen Welt nahm klare, einfache Züge an: Bergwerke, Eisenbahn, Fabriken und Produktionsmittel aller Art in den Besitz der Allgemeinheit; eine Arbeiterschaft wie eine nationale Armee; alle Früchte der Produktion, der Technik und Wissenschaft gerecht verteilt an alle Menschen.

Die Mutter starb, als Arthur Scargill achtzehn war, der Vater hatte sich unter Tage ein Lungenleiden zugezogen. In immer neuen Streiks wurde der Name des selbstbewußten jungen Mannes im Kohlerevier von Yorkshire allmählich bekannt, und bei jedem dieser Arbeitskämpfe waren die örtlichen Gewerkschaftsführer nicht auf seiner Seite. Mehr und mehr kam er zu der Überzeugung, daß im gewerkschaftlichen wie im gesellschaftlichen Leben etwas Grundsätzliches, das System verändert werden müsse.

Es ist an dieser Stelle vielleicht angebracht, einmal ganz allgemein über britische Streiks zu reden. Nicht über Arbeitskämpfe, bei denen nur Unternehmer und Gewerkschaften unter Opfern und Schmerzen miteinander ringen. Die typisch britische Form des Streikens noch bis in die ersten Jahre der Regierung Thatcher hinein war die Kunst, eine breitere Öffentlichkeit an den Schmerzen zu beteiligen. Immer größere Bereiche von Dienstleistung und Industrie waren über die Jahrzehnte zum Schutz von Arbeitsplätzen verstaatlicht worden, immer stärker war also auch der Staat als Partner oder Schlichter jedes größeren Streiks herausgefordert. Die hohe Kunst des Streikens war es jedesmal, den

Hebel so anzusetzen, daß der Unmut im Lande sich nach einer gewissen Anstandsphase nicht mehr gegen Arbeitgeber oder die streikende Belegschaft, sondern gegen die jeweilige Regierung zu richten begann. Die Regierungen waren herausgefordert, zu beweisen, daß sie die Geschicke des Landes noch in der Hand hatten: entweder durch Nachgeben und Bereitstellen von Geld aus der Haushaltskasse, durch mäßigenden Einfluß auf die Gewerkschaften, durch Härte oder wie auch immer.

Was mich an den ersten miterlebten Streiks so faszinierte und verwirrte, war die große Gelassenheit, mit der jedermann um sich herum die lästigen Seiten des britischen Streikalltags ertrug. Wenn Eisenbahner oder Busfahrer wieder einmal streikten, schliefen viele, die außerhalb Londons wohnten, eben im Büro, hatten die Firmen in den Hotels rechtzeitig ganze Flure von Zimmern gebucht. Niemand regte sich auf über die Ursachen des Streiks. Kaum jemand schien es zu interessieren, worum es denn diesmal wieder ging. Jeder nahm die Unbequemlichkeiten der Situation hin wie einen verregneten Juli. Man fing an, darüber zu scherzen, schloß Wetten ab über die Dauer des Chaos. Ein leidgewohntes Publikum versuchte, die Sache solange wie möglich nicht ernst zu nehmen.

Ich erinnere mich besonders an einen Streik der Lokomotivführer gegen eine von der Eisenbahn geforderte gleitende Arbeitszeit. An jedem Abend im britischen Fernsehen erschienen die Sprecher der Britischen Eisenbahnen und der Führer der Lokomotivführergewerkschaft auf dem Bildschirm. Abend für Abend sagte jeder seinen festen Spruch, und jedesmal hatte man den Eindruck, als rede der eine über Äpfel, der andere über Birnen. Keiner nahm die Argumente der anderen Seite auch nur zur Kenntnis, nicht einmal, um sie zu widerlegen. Der Mann von der Bahn sagte, das Defizit seines Unternehmens zwinge zur Modernisierung; es sei einfach unmöglich, die Fahr- und Wartezeiten von Lokomotivführern im Dienstplan so zu regeln, daß jedesmal ein Acht-Stunden-Tag dabei herauskomme; es müßten auch mal neun und dann wieder sieben sein dürfen. Der Gewerkschafter trat dann mit der Anklage vor die Fernsehkamera, die Arbeitgeber hätten die bei Arbeitskämpfen übliche Prozedur des Verhandelns gebrochen und wollten den Gewerkschaften brutal ihre Bedingungen diktieren. Jeden Abend erst der eine, dann der andere; niemand schien im geringsten an der Logik des Zeremoniells interessiert.

Nur die »Financial Times« hat einmal in einem mit Zahlen belegten Bericht auseinandergesetzt, was möglicherweise die wahre Sorge der Lokomotivführergewerkschaft sei, der Grund für ihr beharrliches Sich-Sträuben. Durch den Prozeß der Modernisierung und Rationalisierung im Eisenbahnwesen war die Zahl ihrer Mitglieder über die Jahre drastisch und kontinuierlich geschrumpft. Und die Zeitung kam zu dem Schluß, daß es insbesondere die Gesetze der wirtschaftlichen Vernunft gewesen seien, die Lokomotivführer und Mitgliedschaft in der Gewerkschaft auf ein Drittel früherer Jahre reduziert hätten. Mit Vernunft könne man auf diese Gewerkschaft keinen Eindruck mehr machen.

So ist ein großer, sozialer Prozeß, den alle industrialisierten Länder durchzustehen haben, im Königreich selten als gemeinsames Ringen um neue Lösungen ausgetragen worden. Es war immer vor allem ein Machtkampf. 1972 errangen die Bergarbeiter ihren ersten großen Sieg. Ein Bergmann namens Arthur Scargill aus Süd-Yorkshire machte dabei national von sich reden. Er hatte seine Kumpels davon überzeugt, daß es bei einem Streik nicht nur darauf ankommen könne, keine Kohle zu fördern. Man müsse verhindern, daß von den bereits vorhandenen Kohlehalden Vorräte an Industrie und Haushalte gelangen könnten. Bergleute lieferten sich vor dem Kohle-Depot von Saltey blutige Schlachten mit einer völlig überforderten Polizei. Der Streik hatte eine neue Taktik und eine neue Dimension erreicht, auf die der Staat damals noch nicht vorbereitet war. Mehr sozialer Ungehorsam als Streit der Sozialpartner, alle bisherigen Regeln waren außer Kraft gesetzt.

Ein Jahr nach dem Sieg wurde Scargill Präsident der Bergarbeitergewerkschaft von Yorkshire, ein weiteres Jahr später gab es den nächsten Streik. Edward Heath, ein konservativer Premierminister der alten Schule, ließ vorzeitig Wahlen ausrufen. Er wandte sich an den Wähler mit der pathetischen Bitte um ein neues, kräftiges Mandat. Heath hatte dem Land die Frage vorgelegt: »Wer regiert eigentlich in Großbritannien, die Regierung oder die Gewerkschaften?« Die Wähler kamen zu der Einsicht, daß die Gewerkschaften doch wohl die stärkere Macht im Lande seien, und wählten Harold Wilson von der Arbeiter-Partei.

Die Männer aus den Gruben von England, Schottland und Wales – allen voran Arthur Scargill wie eine mythische Figur – hatten den übrigen Gewerkschaften und ihren müde gewordenen Bossen bewiesen, wie man Regierungen stürzt. Mit dem Skalp von Edward Heath am Gürtel, das ahnte jeder in der britischen Politik, konnte der Triumph von 1974 nicht das letzte Gefecht gewesen sein. Joe Gormley, der all die Jahre der nationale Führer sämtlicher Bergarbeiter war, ging 1982 in Pension. Unter dem Jubel einer selbstbewußten Bergarbeiterschaft und sämtlicher in Jahrhunderten frustrierter Revolutionäre auf dem linken Flügel des politischen Spektrums wurde Arthur Scargill auf den Schild gehoben.

Der Mann mit dem roten Haarschopf, forschem Auftreten, Humor, eine alles in allem frische Erscheinung, ein

Redner, der durch unkomplizierte, leidenschaftsvolle, bissige Parolen sehr schnell jede halbwegs erreichbare Versammlung zu Beifall hinreißen konnte, symbolisierte in einem gesellschaftlich festgefahrenen System die kompromißlose Entschlossenheit, den schlafenden Riesen Arbeiterschaft gegen die träge Schicht der Herrschenden zu mobilisieren. Scargill, so fürchteten seine Feinde und so hofften seine Bewunderer, sei der Nerv an jenem starken Arm, der alle Räder im Königreich zum Stillstand bringen könnte.

Der Wille des Volkes, das ergab sich klar aus seinen Taten und Reden, war für ihn nicht die Geruhsamkeit des Parlaments in Westminster. Er organisierte sogenannte »fliegende Streikposten«, die in jeden Streit und in jeden Streik eingreifen konnten, mit dem sie nicht das geringste zu tun hatten. Sie blockierten Betriebe, in denen sie selbst nicht beschäftigt waren, die auch nichts mit der Kohleindustrie zu tun haben mußten. Und die Frage, ob die betroffene Belegschaft dort zum Kampf gestimmt war oder nicht, lösten die Organisatoren der »flying pickets« durch ihre einschüchternde Zahl und ihr kraftstrotzendes Auftreten. Nicht mehr die Politik beeinflußte den Arbeitskampf, der Arbeitskampf wurde zu einer neuen Form der Politik. Das kohlegeschwärzte Gesicht des Bergmanns, der in harter Arbeit unter Tage die Energie des Landes ans Tageslicht holte, gewann auch für viele, die sonst den politischen Lagern leidenschaftslos gegenüberstanden, Züge der Urkraft. Der Führer der mächtigen Bewegung bekam schon bald von seinen Bewunderern den Namen »King Coal« verliehen, dann »Lanzelot« und schließlich »König Arthur«.

Im sogenannten »Winter der Unzufriedenheit« 1978 hatte das Streiken als britische Lebensform seinen Höhepunkt erreicht. Es gab nur an drei oder vier Tagen der Woche elektrischen Strom; die öffentlichen Verkehrsmittel standen mehr, als daß sie fuhren; Schulen und Krankenhäuser waren nach einer schwer durchschaubaren Logik manchmal geöffnet und meistens geschlossen; Krankenwagen kamen, oder sie kamen nicht; auf den Straßen stolperten die Briten an meterhohen Wällen aus stinkenden schwarzen Müllsäcken vorbei. Besonders stark hat ein Foto die Erinnerung an diesen Winter geprägt: eine Kette vor dem Friedhofstor, daneben ein Zettel mit der Aufschrift »On Strike!« Den Briten war es noch freigestellt zu sterben, doch mit dem Beerdigtwerden wurde es schwierig.

Sie ertrugen es, wie sie seit Jahrhunderten alles ertrugen: mit Stil, ohne viel zu klagen. Und so geschah am Ende weder dies noch das. Weder wurde »das System« gestürzt, noch war die Macht der kraftstrotzenden Gewerkschaften an ihre Grenzen gestoßen. Die Briten taten allerdings eines, und sie taten es wieder ohne grundsätzliche Debatten und Panikgeschrei: Im Mai 1979 gingen sie in die Wahllokale und wählten Margaret Thatcher.

Mit dem großen Reinemachen im britischen Alltagsleben begann die neue Hausfrau in der Downing Street bedächtig und methodisch. Als – um nur ein Beispiel anzuführen – die Bergleute in den ersten Jahren ihrer Amtszeit wieder einmal rumorten, gab die staatliche Kohlebehörde zur allgemeinen Verblüffung freundlich nach. Es sah zunächst ganz danach aus, als habe eine konservative Politikerin nur im Wahlkampf mit scharfen Parolen gegen die Gewerkschaften gerasselt, und nun bestätige sich die alte britische Lebensregel: Am System wird nichts geändert!

Mit der Mehrheit der Konservativen verabschiedete das Parlament ein paar Gesetze, von denen aber die Experten meinten, in der Praxis seien sie kaum anzuwenden. So wurde beispielsweise vorgeschrieben, was in anderen europäischen Ländern nicht gerade als sensationell oder gar gewerkschaftsfeindlich bezeichnet werden dürfte: daß jedem von der Gewerkschaftsführung auszurufenden Streik eine Urabstimmung der Mitgliederschaft vorangehen müsse. Ausdrücklich verboten wurde das sogenannte »secondary picketing«, Arthur Scargills so erfolgreiche Methode, »fliegende Streikposten« kreuz und quer durch das Land zu schicken, um strategisch wichtige Betriebe zu blockieren und zum Stillstand zu zwingen.

Wie gesagt, die Experten blieben skeptisch. Die neuen Gesetze gaben den von wilden Streiks oder von betriebsfremden Streikposten heimgesuchten Arbeitgebern zwar das Recht, sich an die Gerichte zu wenden. Aber es fand sich einfach kein Arbeitgeber, der diesen Schritt auch wirklich gewagt hätte. Denn die Gewerkschaften hatten klargemacht, und jeder wußte, daß sie nicht nur drohten: Bei jedem Eingriff in die eigene, gewerkschaftliche Freiheit – wie sie es nannten – würden sie weder Margaret Thatchers Gesetze scheuen noch Gerichte oder Polizei. Die Kommentatoren warnten vor einem Klassenkampf von bisher nicht erlebter Heftigkeit.

Der Unternehmer, der als erster in den Ring trat, hatte mit Kohle nichts zu tun. Eddi Shah, ein Verleger von Anzeigenblättern im Großraum Manchester, hatte sich mit der Druckergewerkschaft NGA überworfen und machte ihr – ein klarer Bruch langjähriger Praxis – das Recht des »closed shop« streitig, des Monopols der NGA, als einzig zugelassene Gewerkschaft alle Arbeitnehmer des Betriebes zu vertreten. Shah entließ sieben Angestellte und stellte neue Arbeitskräfte ein, die dieser Gewerkschaft nicht angehörten. Ein Sturm brach los.

Zu Tausenden fanden sich »flying pickets« vor Shahs Druckerei in Warrington ein. Der Verleger zog vor Gericht, gewann, und Hundertschaften von Polizei riegelten das Gebäude ab. Steine flogen, mit Brecheisen und Eisenstangen gingen aus dem ganzen Land, vor allem aus London angereiste Streikposten nachts gegen das Druckhaus vor. Durch ein gewaltiges Spalier von Polizei und ein Meer von Demonstranten mußten die Lastwagen mit den frischgedruckten Zeitungen zu den Verteilern fahren.

Warum ausgerechnet er es auf sich genommen habe, in Margaret Thatchers Gewerkschaftskrieg die erste Schlacht zu schlagen, habe ich später den kräftig gebauten Verleger gefragt. Eigentlich, so sagte er, sei er – wie bei jedem Streit zuvor – bereit gewesen, nachzugeben. Aber dann hätten ihn die Gewerkschaften just in dem Augenblick vor ein Ultimatum gestellt, als er die Nachricht bekam, seine Frau sei von einer sehr schweren Krankheit befallen. Da sei ihm plötzlich der Faden gerissen, und er habe sich voller Schmerz, Ohnmacht und Wut in einen Kampf geworfen, dem er sonst weise aus dem Weg gegangen wäre.

Nach wochenlangen Schlachten siegte Eddi Shah. Was die Gewerkschaft schließlich in die Knie zwang, war nicht nur die geballte Macht der Polizei. Gerichte hatten der NGA wegen Mißachtung der Justiz und der Streikgesetze das gesamte Gewerkschaftsvermögen beschlagnahmt. Die Bereitschaft der übrigen britischen Gewerkschaften, ihr finanziell zur Seite zu stehen, blieb lau.

Der Triumph eines Provinzverlegers ist nicht nur ein warnendes Menetekel für den kommenden, von allen mit Spannung erwarteten großen Kampf zwischen Margaret Thatcher und Arthur Scargill gewesen, er war auch das Signal für die seit dreißig Jahren überfällige technische Erneuerung in der Londoner Fleet Street, der Straße der großen britischen Zeitungen. Die Gewerkschaften dort hatten es dreißig Jahre lang geschafft, die Zeit anzuhalten und den

Verlegern in London die Lohn- und Personalpolitik zu diktieren. Die Maschinen in der Fleet Street waren reif fürs Druckerei-Museum.

Von allen Feinden, mit denen es Gewerkschaften wie die NGA und später Arthur Scargills Bergarbeiter aufzunehmen hatten, war die moderne Technik am unerbittlichsten. Anpassungsprozesse an den Standard der Zeit, die auch anderswo nicht ohne Schmerzen und ohne sozialen Kampf, aber doch Schritt um Schritt und in stetiger Abmilderung der gröbsten Härten abgelaufen waren, hatten sich in vielen Industrien Großbritanniens aufgestaut wie eine über dem Tal hängende Lawine.

Wie soll man den unausweichlichen Zusammenstoß beschreiben? Wertfrei wie irgendeine historische Schlacht, bei der nur die Stärke der Heere oder die kühle Taktik der siegreichen Seite den Ausschlag gab? Oder hat sich nicht doch eine politische Strömung als zeitgemäß und stärker erwiesen? Wie der Kampf zwischen Margaret Thatcher und Arthur Scargill ausgegangen ist, steht ja nun fest. Ein Jahr lang dauerte der gigantische Streik. Und wie im Krieg um die fernen Falkland-Inseln stellte das Ausland später die bange Frage, ob noch irgendeine andere Nation die Auseinandersetzung der beiden so grundsätzlich verschiedenen Lager mit dieser Gnadenlosigkeit und Härte ausgetragen hätte.

Die Taktik auf gewerkschaftlicher Seite – Moral und soziale Absichten einmal völlig ausgeklammert – war ungefähr die: Großbritannien von jeder Energie abzuschneiden, das ganze Wirtschaftsleben stillzulegen und damit den Briten nachzuweisen, daß Margaret Thatcher nicht mehr in der Lage sei, das Land zu regieren. Im Falle des Erfolgs wäre dies – wie damals beim Sturz von Edward Heath – gleichzeitig das Signal an den Wähler gewesen, daß es völlig sinnlos sei, die hilflosen Konservativen noch einmal wiederzuwählen. Wählbar wäre dann nur eine Regierung gewesen, die gut mit den Gewerkschaften steht, vor allem mit Arthur Scargill.

Das große Hindernis auf dem Weg zu diesen Zielen war das Unbehagen der meisten anderen großen Gewerkschaften, einen solchen Staatsstreich zu unterstützen. Neil Kinnock, der Führer der Labour-Partei und damit auch der britischen Arbeiterbewegung, distanzierte sich immer wieder von der Kampfführung Arthur Scargills. Das war für einen demokratischen Sozialisten keine leichte Zeit. Selbst wenn alles so gelaufen wäre, wie die Militanten in der Labour-Partei und in den Gewerkschaften sich das vorgestellt haben mögen: Die Labour in einem solchem Szenario zugedachte Rolle war Kinnocks demokratischen Instinkten klar erkennbar zuwider. Einige andere Gewerkschaften – Elektriker, Lastwagenfahrer, Stahlarbeiter, die Belegschaft von Kernkraftwerken –, sie alle gelten den Vertretern der »harten Linken« heute als Verräter ihrer Klasse. Denn sie gaben während des großen Streiks nur halbherzige Resolutionen heraus, in der die Regierung Thatcher der sozialen Grausamkeit bezichtigt wurde; sie ließen aber die Mitglieder am Arbeitsplatz und verhinderten so den Zusammenbruch der britischen Wirtschaft. Auf dem Parteitag von Labour, auf dem Trades Unions Congress, dem britischen Gewerkschaftskongreß, gab es brausenden, jubelnden Beifall, wenn Arthur Scargill in die Halle zog. Aber wenn die roten Banner und Parolen wieder eingerollt waren, kehrten alle an die Arbeit zurück und ließen die Bergleute und ihre Revolution allein.

In ihrer Verzweiflung wandten sich die Streikenden mit Aufrufen an die Bevölkerung, an kalten Wintertagen abends um sechzehn Uhr alle auf einmal das Licht und sämtliche elektrischen Haushaltsgeräte einzuschalten. Unter dem plötzlichen Sprung der Kapazität sollte die Stromversorgung im Lande zusammenbrechen. Doch kaum jemand in einem winterlichen Großbritannien versprach sich von einem solchen Erfolg etwas Angenehmes, Schönes.

Frau Thatcher dagegen – Moral und Soziales wieder völlig beiseite – hat sich auf dieses Duell emotionslos vorbereitet. Jedem zu frühen Konflikt ist sie sorgsam aus dem Weg gegangen, hat im Parlament mit der absoluten Mehrheit ihrer Partei reibungslos Gesetze durchgebracht, die ihr später die Handhabe geben sollten, ganze Heere von Polizei in die Reviere der Aufständischen zu schicken, um Arthur Scargills »fliegende Streikposten« daran zu hindern, Kohlegruben oder andere große Betriebe lahmzulegen, in denen auch nur ein Teil der Belegschaft bereit war, weiterzuarbeiten. Die Rechtsgrundlage zum staatlichen Einschreiten sollte der Umstand werden, daß es vor dem großen Streik keine Urabstimmung gegeben hatte. Es macht sogar Sinn, was viele britische Kommentatoren behauptet haben: Die Regierung habe den Streik schließlich absichtsvoll angestoßen, zu einem Zeitpunkt, der für ihren Sieg günstig erschien.

Die Gewerkschaftsführung der National Union of Mineworkers (NUM) hatte sich immer öffentlich stark gemacht, sie werde mit all ihrer Kraft zum Kampf gegen die Kohlebehörde antreten, falls diese einseitig eine Grube zu schließen wage, deren Kohlevorräte noch nicht hundertprozentig erschöpft seien und deren Schließung die Gewerkschaft nicht ausdrücklich zugestimmt habe. Auf einem Treffen zwischen der Kohlebehörde und der Gewerkschaftsführung von Süd-Yorkshire am 1. März 1984 erklärte der Direktor jener Region ganz plötzlich, daß die Grube Cortonwood ohne weitere Verhandlungen geschlossen werden müsse. Fünf Tage später legte die Kohlebehörde der Gewerkschaft Pläne auf den Tisch, weitere zwanzig Gruben als unrentabel stillzulegen – mit einem Verlust von zwanzigtausend Arbeitsplätzen.

Die brüske Art, in der das alles geschah, wohl wissend, mit welchem Pathos sich die Gewerkschaft der Öffentlichkeit und ihrer Mitgliederschaft gegenüber festgelegt hatte, bei derart großen Arbeitsplatzverlusten zu streiken, läßt den Schluß ganz logisch erscheinen, die Regierung habe den allgemein erwarteten großen Kampf nunmehr bewußt und gewollt auf die Tagesordnung gesetzt. Der Winter war vorbei, die Kohlehalden waren hoch, welch günstige Zeit zum Duell mit den Bergarbeitern! Das Land würde nicht frieren müssen, um dann nach der öffentlichen Leidensphase und nach der üblichen Dramaturgie der britischen Streiks den gesamten Unmut auf die Regierung zu lenken. Mit der Zähigkeit der Bergleute, ein ganzes Jahr – und damit auch einen ganzen Winter über – durchzuhalten, hatte damals im März wohl noch niemand gerechnet.

Der Kampf selbst ist dann der Zusammenstoß zweier feindseliger, fremder Welten derselben Nation gewesen. Die Bergleute kämpften für eine Welt, wie sie immer war: für das Überleben kleiner Ortschaften in Yorkshire, in Schottland und in den Tälern von Wales, für die die alte Zeche nebenan der Pfeiler des Lebens war, an dem alle Existenzen hingen. Auf dem erschöpften Markt der politischen Ideen kämpften sie für eine Vision, die Ralf Dahrendorf so überzeugend »die Sehnsucht nach dem schöneren Gestern« nannte. Sie wollten ihre Heimat so, wie sie sie ererbt hatten von ihren Vätern: harte Arbeit, hier und da mehr Geld durch einen Streik, Arbeitsplätze in der alten Grube auch für ihre Enkel. Sie kämpften gegen eine Zukunft, die ihnen nichts Erkennbar-Hoffnungsvolles zu bieten hatte. Ganze Dörfer standen geschlossen gegen die Idee, man müsse Zechen schließen, nur weil es umständlicher und teurer sei, hier die Kohle zu fördern als in anderen Kohlerevieren der Welt. Margaret Thatcher und ihr Kreuzzug für Rentabilität und internationalen Wettbewerb erschienen ihnen als Bedrohung für eine alte britische Art des Lebens. Familien hungerten, Kinder hatten nichts anzuziehen, aber dies war aus ihrer Sicht des Lebens das entscheidende Gefecht gegen das böse Gespenst des menschenzerstörenden Kapitalismus.

Es ist oft darauf hingewiesen worden, daß der Glaube an eine Ökonomie, die vor allem auf das Soziale abstellt, die der Konkurrenz und der Rentabilität völlig abgeschworen hat, ganz zwingend zum Rückzug Großbritanniens aus der Außenwelt führen müsse.

Das Verhältnis des linken Flügels der Gewerkschaften und der Labour-Partei zur Europäischen Gemeinschaft ist aus diesem Denken heraus konsequent und verständlich. Es deckt sich sogar mit einem quer durch alle politischen Lager vorhandenen, tiefsitzenden Mißtrauen gegen Märkte und Mächte von außerhalb, die es den Briten unmöglich machen, auf der Suche nach der Zukunft noch eigene Wege zu gehen. Denn wie soll man einen eigenen britischen Sozialismus bauen, wenn die Waschmaschinen aus Deutschland und die Videorecorder aus Japan alle britischen Bemühungen durch ihre niedrigen Preise niederwalzen?

Für die Truppen auf der anderen Seite war die Lage klar. Das Gesetz stand auf ihrer Seite, die Technik stand auf ihrer Seite. Sollte Scargill in seinem Feldzug gegen die Rentabilität gewinnen, so argumentierte Margaret Thatcher immer und immer wieder, dann werde Großbritannien auf den Märkten der Welt endgültig die Wettbewerbsfähigkeit verlieren. Der Kampf für das Inbetriebhalten veralteter Kohlegruben erschien vielen im Regierungslager wie eine Demonstration zur Bewahrung der Staublunge und der Plackerei des Mittelalters. Die Zeche der Zukunft für die Planer auf der Regierungsseite war die moderne, große Grubenanlage, die mit einem Minimum an Menschenkraft ein Maximum an Kohle fördert. Die Begriffe »konservativ« und »revolutionär« hatten die politischen Fronten gewechselt.

Auf beiden Seiten gab es dieselbe Selbstgerechtigkeit, die Entschlossenheit, selber hundertprozentig im Recht zu sein und dem anderen die übelsten Absichten zu unterstellen. Jene, die nicht mitmachen wollten beim totalen Krieg in den Kohlerevieren, sie wurden für die Streikenden im Dorf zum »scab«. Das ist mit Krätze zu übersetzen, Eitergeschwür, Abschaum der Menschheit. Feindschaften taten sich auf, die auch vor Kindern nicht haltmachten. Täglich, wenn der Bus mit den Streikbrechern durch das Grubentor fuhr, sah man schon Zweijährige auf den Armen ihrer Mütter, denen man beigebracht hatte »Scab! Scab« zu schreien. Und Kinder bekamen es auch in der Schule zu spüren, wenn der Vater weiter zur Arbeit gegangen war. Streikende wurden verletzt und verhaftet, Polizei und Bergleute spielten jeden Morgen Katz und Maus, wenn es darum ging, die »fliegenden Streikposten« vor ausgesuchten Gruben, in denen noch Kohle produziert wurde, blitzschnell in Stellung gehen zu lassen, um die Nicht-Streikenden zur Räson zu bringen.

Besonders in Erinnerung geblieben sind mir die Bergleute aus Kent. Wieso es in jener Grafschaft im Süden, wo einst Wilhelm der Eroberer mit seinen Truppen auf der Insel gelandet war, warum es in dieser wohlhabend ländlichen Graftschaft überhaupt zwei einsame Kohlegruben gab, schien wie eine Laune auf der soziologischen wie der geologischen Landkarte der Nation. Da standen sie nun im lieblichen Alltag von Kent, abgehärmt nach Monaten des Streiks, im Aufstand gegen die Regierung in London und bitter zerstritten mit den Streikbrechern ihrer eigenen Zunft. Und um sie herum ging das Leben weiter. Keiner litt mit ihnen, keiner vermißte ihre Kohle. Hier standen hartgeschnitzte Naturen vor der Tür in der Kälte, die bereit waren, für ihr Recht, für ihre Zukunft und für ihre Klasse die schmerzvollsten Opfer auf sich zu nehmen. Viele waren verletzt worden in den voraufgegangenen Schlachten, viele von ihnen schon mehrfach im Gefängnis gewesen. Die Kinder wurden durch Spenden ernährt, die von überall her aus Europa eintrafen. Alle Familien waren hoch verschuldet, seit Monaten hatten sie keine Miete bezahlt. Da standen sie mit ihrer Revolution, und wen in den hübschen Dörfern um sie herum interessierte das alles?

Zu Weihnachten, als sie schon neun Monate streikten, haben wir sie wieder einmal besucht. Sie sagten, wir sollten die Zuschauer im Ruhrgebiet grüßen, ihnen danken für die Großzügigkeit ihrer Spenden. Beim Tee fragte mich einer der Organisatoren, was denn so meine Einschätzung sei, wie die Sache wohl ausgehen werde. »Ihr werdet verlieren«, sagte ich so rücksichtsvoll, wie man so etwas in dieser Umgebung sagen konnte. Und seine Antwort: »Ich glaube das auch. Aber wenn es so kommt, dann muß es wohl so sein.«

Drei Monate später sind die britischen Bergleute wieder zur Arbeit zurückgekehrt. In vielen Ortschaften mit Spielmannszügen an der Spitze feierlicher Prozessionen. Eine Bergmannsfrau sagte uns: »Verstehen Sie mich nicht falsch ... Es war alles richtig, was wir getan haben. Der Streik unserer Männer, er mußte sein. Aber wenn ich sie jetzt so sehe, wie sie wieder zurückgehen müssen: Es bricht mir das Herz, sie tun mir so leid.« Die Bergleute aus Kent haben übrigens als allerletzte aufgegeben. Sie standen in Yorkshire und Wales am Straßenrand, als die anderen wieder zur Arbeit zogen, und forderten, nicht klein beizugeben, ehe die Regierung sich nicht verpflichtet habe, auch jene Kumpel wieder einzustellen, die während des Streiks von der Polizei festgenommen worden waren. Aber die Sieger haben für die Besiegten kein Erbarmen gezeigt. Margaret Thatcher hatte schon zuvor vom »Feind im eigenen Land« gesprochen, dem Gegenstück zum Feind von außen, der im Falkland-Krieg die Argentinier waren.

Nach dem Sieg kam für die resolute Frau die zweite Wiederwahl, die dritte Amtszeit. Die Labour-Partei hatte auch unter einem neuen Führer keine Chance. Im Wahlkampf hatten ihre Berater Margaret Thatcher immer wieder angeraten, den Ruf als »Eiserne Lady« behutsam abzustreifen. Der Titel lasse zu viel Härte spüren, zu wenig Mitgefühl mit den Schwächeren in der britischen Gesellschaft. Aber nach so vielen Siegen wird es nun einmal nicht leicht, die Heldin aller zu sein.

Mit ihrer Vision vom »Volkskapitalismus« hat sie den letzten Wahlkampf geführt: Privatisierung der meisten staatlichen Unternehmen, den Verkauf der Aktien breit gestreut. Sie will eine Nation von Kleinaktionären, die in eigenen Wohnungen oder eigenen Häusern leben. Im sozialen Wohnungsbau ermutigt sie den Verkauf an diejenigen, die schon dort wohnen. Es wird schwer, gerade für eine sozialistische Opposition, die privatisierten Betriebe alle erneut zu verstaatlichen – falls Labour wieder an die Regierung kommt. Millionen von Kleinaktionären eines Tages zu enteignen dürfte wohl politisch ebenso kompliziert sein wie das Geld aufzutreiben, um sie wieder auszuzahlen. Wie gesagt, Margaret Thatcher gehört zu jenen untypischen Briten, die sich vorgenommen haben, die Dinge gründlich zu verändern.

Im Urteil vieler Wirtschaftsexperten und Börsianer hat sie dies wohl auch geschafft. Die Frage ist nur, wieweit die zart keimende Zuversicht in den Tempeln der Finanzwelt durchschlagen kann auf das reale Leben. Die Inflation hat sie gesenkt, die Produktivität der britischen Wirtschaft ist wieder geklettert, irgendwelche dynamischen Kreise wittern den Aufbruch. Aber es ist schwer zu überschauen, was das für Menschen sind, ob sie in ihrem Optimismus nur selbst reich werden oder ob sie eines Tages größere Bevölkerungsschichten mit sich nach oben ziehen können. Falls das überhaupt ein Anliegen für sie ist.

Der Spaziergang durch Sheffield, Liverpool, Manchester, Birmingham und so viele der großen Städte des Königreichs läßt den Blick über eine herbe soziale Kulisse streichen, ärmer und krasser die Gegensätze als in vergleichbaren Städten auf dem europäischen Festland. Und das Entsetzen jenseits des Kanals über den Einbruch englischer Fußballfans in eine fremde, reichere Bürgerlichkeit ist auch eine völkerkundliche Verblüffung der anderen Europäer über das Ausmaß britischer Extreme.

Die besonders hohe Arbeitslosenquote der Briten im internationalen Vergleich, die lange Zeit so gut wie der einzige Maßstab für den Erfolg oder Mißerfolg der Politik gewesen ist, hat die Premierministerin schließlich nach unten drücken können. Es war ja auch nie fair von ihren Kritikern mit dem sozialen Gewissen, immer so zu tun, als sei die Arbeitslosigkeit eine Erfindung Margaret Thatchers.

Überall in der westlichen Hälfte der Welt ist die Politik in diese Sackgasse geraten, aus der bisher keiner einen intelligenten und vor allem überzeugenden Ausweg weisen konnte: Wie lassen sich Fortschritt der Technik, Rationalisierung und Steigerung der Produktion in die Bahnen des Erfolgs lenken, und wie kann man alle Teile der Gesellschaft an diesem Prozeß beteiligen? Für junge Menschen aus Newcastle oder Glasgow ist es genauso trostlos wie für Jugendliche aus Dortmund oder Kiel, wenn man sie aufgrund der technischen Erfolge von immer weniger Arbeitsamen zwar irgendwie mit durchschleppen kann, wenn aber das Interesse am Talent und an der Arbeitskraft aller von von Jahr zu Jahr geringer wird.

Michael Heseltine, der als Margaret Thatchers Verteidigungsminister zurücktrat, wohl um sich eines Tages als ihr Nachfolger bereit zu halten, hat der Heldin seiner Partei und ihrem Volkskapitalismus einen »caring capitalism«, den fürsorglichen Kapitalismus, entgegengehalten. Seine Kritik an der Faszination dieser Premierministerin von der Ethik des Geldes und der Börse hat er in die Worte gefaßt: »Was nützt es den Menschen, wenn an der Börse die Aktienpakete hin und her geschoben, Firmen gekauft und wieder abgestoßen werden, ohne daß diejenigen, die so die Wirtschaft regieren, die Menschen, die in diesen Firmen arbeiten, kennen oder für sie Verantwortung spüren?«

Viele der Jungen in der konservativen Partei, die eine Karriere als Juristen oder Grundstücksmakler in der nützlichen Verbindung mit der Politik schon klar vor sich sehen, haben bei einer solchen Rede gepfiffen und »buh« gerufen, doch ein zumindest erkennbarer Flügel aus dem Nachwuchs dieser Partei hat geklatscht.

An Margaret Thatcher scheiden sich die Geister. Gewiß, die Kommentatoren und Intellektuellen, die Zunft des Journalismus insgesamt werden immer etwas an ihr zu mäkeln haben, schon allein weil sie nie auf ihre Warnungen hört und meist längst gehandelt hat, wenn jene noch mahnend den Finger heben. Selbst die Weisen und Mahner ihr politisch nahestehender Zeitungen wie des »Telegraph« haben zu dieser Premierministerin eine innere Bindung wie zum Zahnarzt. Es ist nicht die helle Begeisterung, die sie in ihre Arme treibt, eher die nüchterne Einsicht, daß dies und jenes wohl nicht zu umgehen sei.

Anthony Sampson, einer der gereiften unter den politischen Chronisten des Landes, hat die Kritik an dieser resoluten Frau und ihrer drastischen Kur in seinem immer wieder aktualisierten Buch »Anatomie Britanniens« schon vor dem Sieg über die Bergarbeiter in der Erkenntnis zusammengefaßt: »So wie sie die Kräfte des Kapitalismus von der Leine zu lassen, gänzlich ohne Schutz durch den Staat und ohne eine schöpferische Politik aus der Mitte heraus, ist wie das Einlegen des Rückwärtsgangs in eine frühere Stufe der britischen Zivilisation!« Gewiß, so vieles, was sie tat, war überfällig. Aber was denn nun eigentlich nach dem Ansetzen der Abbruchramme an eine überalterte britische Industrie die Vision für die Zukunft sein soll, die überzeugende Antwort auf diese Frage ist die Premierministerin ihren Landsleuten noch schuldig.

Das heißt: Erste Ansätze, sich der Frage nach den Zielen und vor allem der Moral des Thatcherismus zu stellen, gab es schon. Die Frau, die in einer Welt des Geldes immer wieder mit Kritik an der ungebremsten Kraft der Starken überhäuft wird, sie hat unter diesem Vorwurf der Herzlosigkeit wohl doch mehr gelitten, als ihr Ruf, eine eiserne Lady zu sein, es vermuten läßt. Im Mai 1988 ist sie zu einem Gegenkreuzzug auf die Kanzel gestiegen. Vor der Synode der Kirche von Schottland hielt sie Laien und verblüfften Gottesmännern eine Predigt über das Verhältnis von Politik und Christentum. Einige Zeitungen haben es respektlos die Verkündigung des Evangeliums in der Überlieferung der heiligen Margaret genannt. Der am meisten zitierte Satz war der Ruf der Regierungschefin an die Gläubigen der Nation: »Nicht das Schaffen von Reichtum ist falsch, sondern nur die Liebe zum Geld um des Geldes willen!«

Die Tochter eines Kaufmanns und Laienpredigers, die in ihrer Kindheit an manchen Sonntagen bis zu dreimal in die Kirche ging, hat ganz sicher genügend Bibelfestigkeit, um für theologische Dispute gewappnet zu sein. Allerdings ist es unüblich in einem Land, in dem Kirche und Regierung ja in irgendeiner Weise eng miteinander verflochten sind, daß die Regierung in Glaubensfragen Lektionen erteilt. Und so gab es nach der Rede von Frau Thatcher prompt hitzige parlamentarische Debatten, in denen die Bibelsprüche zwischen den Bänken im Parlament hin und her flogen wie gefährliche Geschosse.

Im wesentlichen stützte die Regierungschefin ihre Predigt über das, was Gott von den Menschen erwartet, auf das Neue Testament. »Wer nicht arbeitet, der soll auch nicht essen«, schrieb Paulus an die Thessaloniker. Woraus Margaret Thatcher ein Gebot zum materiellen Überfluß ableitete statt einer Auflage, arm zu bleiben. Mit dem Postulat »Liebe deinen Nächsten wie dich selbst« habe sie immer Schwierigkeiten gehabt, gestand die Frau auf der Kanzel. Aber schließlich sei ihr klargeworden, daß es uns Menschen an der Fähigkeit mangeln könne, uns selbst zu akzeptieren, stolz auf uns zu sein, wenn wir die Anforderungen nicht erfüllen, die wir an uns stellen: »Jedes System wirtschaftlicher und sozialer Werte, das nicht von der persönlichen Verantwortung des einzelnen ausgeht, kann nur Schaden anrichten!«

Die Politiker hätten die Aufgabe, in den Menschen die guten Eigenschaften zu wecken und die schlechten zurückzudrängen. Und dann ein zentraler Lehrsatz der Politikerin und Christin Margaret Thatcher: »Jeder Mensch trägt Verantwortung für sein eigenes Tun. Keiner darf die Gesellschaft dafür verantwortlich machen, wenn er gegen die

Gesetze verstößt. Wohltat, Barmherzigkeit und Großmut können nicht an andere delegiert werden!«

Diese harsche Kritik am Geist des Wohlfahrtstaates fand nicht nur im Lager der Sozialisten ihre Gegner. Selbst Robert Runcie, der Erzbischof von Canterbury und damit ranghöchster Geistlicher der Anglikanischen Kirche, lobte zwar an Frau Thatchers Rede, daß sie die Verantwortung reicher Christen herausgestellt habe, ihren Mitmenschen zu helfen. Er habe aber doch ein paar Fragen zu einem Reichtum, der die Gesellschaft spalte und denen, die ohne eigenes Verschulden zurückgefallen seien, das Gefühl vermittele, in der Gemeinschaft an die schroffe Kante gedrängt zu werden.

Die theologische Debatte zeigt, daß die konservative Revolution nun nach ihrem geistigen Überbau sucht; daß die resolute Frau nicht nur pragmatisch versucht, »die dunklen Wolken des Sozialismus für immer von den Britischen Inseln zu vertreiben«, durch Steuersenkungen für die Tüchtigen den Wirtschaftskreislauf zu beleben und durch strengere Richtlinien und Kontrollen den Glauben an eine allmächtige staatliche Wohlfahrt ins Wanken zu bringen. Margaret Thatcher strebt nach dem ersten Jahrzehnt an der Macht nach dem, was eigentlich mehr ins Lager der anderen Seite paßt: nach einer Ideologie. Der Kampf um die Seele einer skeptischen Nation soll nicht nur durch Statistiken und politische Parolen gewonnen werden, sondern durch eine Philosophie, die bis zu den Wurzeln menschlicher Bestimmung reicht. Es fällt auf, daß Sozialisten in Peking und Moskau und anderswo langsam darangehen, ihre reichen Bestände an grundsatzhafter Weisheit etwas abzubauen, während man nun im konservativen Lager das Bedürfnis spürt, sich stärker damit einzudecken.

Und so stellt sich die Frage, ob zehn Jahre Margaret Thatcher den Charakter der Briten nicht doch auf irgend eine Art beeinflussen, wenn nicht gar verändern konnten. Eine zögernde Antwort auf derartige Spekulationen muß halbherzig ausfallen, unverbindlich und feige: einerseits ja und andererseits nein ...

Es hat mich etwas geschmerzt, an meinem neuen Schreibtisch im fernen Amerika einen Bericht in der »New York Times« unter der Überschrift zu lesen: »Die neuerdings ungesitteten Briten«. Der Autor, Bernard Nossiter, der früher ein großer Bewunderer der gefühlsgebremsten Insulaner war, schlägt da alarmierende Töne an. Zwar lobt er auch heute noch die Geruhsamkeit der kleinen, der ländlichen Städte, die freundliche Wärme bei Kuchen und Tee auf dem kirchlichen Wohltätigkeitsbasar oder die literarische Tiefe selbst im Gespräch mit Bauunternehmern. Aber dann ist das alles nur nettes Beiwerk, um letztlich doch am Standbild der Briten zu kratzen, zumindest an jener neuen Klasse Londoner Börsen- und Karrieremenschen, der der Autor anklagend vorhält, nun schon nicht mehr wesentlich anders zu sein als der entsprechende eiskalte Typ von der Wall Street. Selbst in den U-Bahnschächten von London herrsche das gleiche rücksichtslose Geschubse wie in New York.

Aber es geht dann wohl etwas weit, dies alles Margaret Thatcher anzulasten, die ja selbst nie mit der U-Bahn fährt. Und was immer das Christliche am schnellen Reichwerden ist, der Charme von Plastik und Computern: Dies alles geht ja an keiner Kultur vorbei. Warum also an den Briten?

Und Arthur Scargill? Seine Gewerkschaft ist heute deutlich kleiner als vor dem großen Duell. In einigen Regionen hat sich eine zweite Gewerkschaft gebildet, und die Zahl der Entlassungen hat jene Zwanzigtausend-Marke, die einst den großen Streik provozierte, längst überschritten. »Aber ja«, erklärte er dem Besucher aus Deutschland in seinem Hauptquartier im von den Narben der modernen Zeit schwer gezeichneten Sheffield: »Wenn wir gewonnen hätten, dann wäre wohl Margaret Thatcher gestürzt. Schade, daß die übrigen britischen Gewerkschaften das damals nicht sahen!« Und falls das ein Maßstab ist, einen Gewerkschafter zu messen: der Mann, der früher vom Chauffeur im Jaguar gefahren wurde, fährt heute im Intercity-Zug in der zweiten Klasse.

Wir sprachen noch einmal darüber, was so alles hätte werden können und was wohl schiefgelaufen sei. Ich erinnerte ihn an einen Witz aus seinen großen Tagen, den er mit immer noch blitzenden Augen, sonst aber ohne Emotionen über sich ergehen ließ. Scargill hat diesen Witz früher selbst so gern erzählt, die Geschichte, wie Joe Gormley, sein Vorgänger als Präsident der Bergarbeiter, ins Paradies einzieht. Gormley also kommt ans Himmelstor und sagt zu Petrus: »Über eins wollen wir uns vorweg gleich einig sein: Wenn Arthur Scargill etwa auch in den Himmel kommt, dann haue ich hier gleich wieder ab!« Petrus besänftigt ihn gütlich: »Scargill in den Himmel? Auf keinen Fall!« Ein paar Tage später sitzt Gormley verträumt auf seiner Wolke, als plötzlich ein roter Volvo in wilden Kurven durch den Himmel rast. Das Auto rammt diverse Wolken, die Engel nehmen schreiend Reißaus. Wutentbrannt rennt Gormley zu Petrus. Der aber lächelt beschwichtigend und sagt: »Nein, nein: Nicht, was du denkst... Das ist der liebe Gott, er glaubt nur, er sei Arthur Scargill!«

Da Witze und deren Helden ja immer aktualisierbar sind – je nach der Entwicklung der Lage –, könnte diese Geschichte im Großbritannien von heute wohl nur noch auf Margaret Thatcher passen. Sie selbst wird ihn sicher nie erzählen. Denn Angebereien liegen ihr nicht. Und Humor, diese besondere britische Distanz zu sich selbst, ist auch nicht ihre Leidenschaft.

Der Traum von der Freiheit und der Liebe

Wer erinnert sich noch an Christine Keeler? Da war einmal etwas, ein Skandal in den sechziger Jahren, der hat die Phantasie der ganzen Welt auf eine freche, empörende, auf eine lasterhafte und dann wieder durch und durch politische Art bewegt. Es war Sünde, und es war Revolution, ein Aufbegehren jedenfalls gegen jahrhundertealte Sitten und Konventionen, die Beatles haben dazu ihre hinreißende Musik gemacht, England bekam in den Augen der Welt einen neuen Anstrich.

Lords und Menschen ganz gewöhnlicher Art trafen sich plötzlich in denselben Lokalen. So jedenfalls erinnert sich Christine Keeler an diese Zeit. Sex war auf einmal etwas, worüber man sprach in den feinen und den nicht so feinen Kreisen, Sex wurde so eine Art Symbol für die große soziale Befreiung. Der Mini-Rock kam auf, die ersten jungen Damen probierten die Mode oben ohne, von Bobbies mit roten Gesichtern gejagt und mit Decken verhängt. Die Pressefotografen liefen solchen britischen Szenen hinterher, oft waren die Ereignisse ja schon vorher arrangiert, der verrutschte Helm und die Genierlichkeit der Polizisten gaben den Fotos erst die Würze und gesellschaftliche Bedeutsamkeit. Die Rolling Stones intonierten das jäh aufbrechende Anliegen der turbulenten sechziger Jahre: »I can't get no satisfaction...«, und die Welt stellte sich darauf ein, daß dies ein wichtiges, viel zu lange verdrängtes Thema sei.

Die Zaghaften, die versuchten, den Trend noch irgendwie zu bremsen, flüchteten sich in irgendwelche geschmäcklerischen Bedenken, daß der Mini-Rock die eine kleide und die andere nicht. Aber gerade solche Gedanken waren nun völlig gegen den Geist der sechziger Jahre, weil man keine Kriterien für neue Schranken setzen, sondern die Unterscheidungen überwinden wollte. Die Musik und die Mode, sie hatten ihre politische Entsprechung, eine Kulturrevolution war dabei, alles wegzuschwemmen, was sich an Versteinerungen in der Gesellschaft abgelagert hatte, was Menschen davon abhielt, glücklich zu sein.

Natürlich geschah dies alles auch anderswo, hatte der Geist der sechziger Jahre auch Deutschland, vor allem aber Amerika ergriffen. Doch die Deutschen hatten sich in den Jahren nach dem Krieg daran gewöhnt, ihre Trends sicherheitshalber aus zweiter Hand zu beziehen. Und Amerika, das Land, aus dem immer alles Neue gekommen war, hatte sich in dieser Rolle schon ein bißchen erschöpft. Nicht, daß ihm die Ideen ausgegangen wären, aber Amerika hatte den Reiz des ganz Besonderen schon verloren. Das weit offene Land jenseits des Ozeans mit seinen tausend verschiedenen Möglichkeiten, Neues auszuprobieren, hatte die Pioniere auch dieser Epoche hervorgebracht – von Elvis Presley über James Dean zu Marlon Brando. Den jungen Leuten in Großbritannien war zunächst nichts weiter übriggeblieben, als sich – wie stets zuvor – die Platten zu kaufen, die aus Amerika kamen, oder ins Kino zu gehen. Ihre Straßen waren zu eng, ihr eigener Bewegungsraum nach allen Seiten viel zu abgezirkelt und mit Schranken versperrt.

Und dann plötzlich brach das Erdbeben in Liverpool aus.

Vier junge Leute gründeten eine Band, zunächst, um wieder einmal nachzuempfinden, wozu die Stars in Amerika den Ton angeschlagen hatten. Aber dann fügten die Beatles irgend etwas hinzu, das in dieser frischen, erregenden und dann wieder zärtlich-lyrischen Art Amerika einfach nicht gelungen war. Vielleicht war es auch das Klima der Enge und Kühle, des Wohlgeregelten, der über Jahrhunderte gezügelten Gefühle, das die Explosion um soviel intensiver werden ließ. »The Four Lads That Shook The World« hat die inzwischen völlig heruntergekommene dankbare Vaterstadt ihren berühmten Söhnen auf eine mickrige Plakette geschrieben: »Vier Jungs, die die Welt durchgeschüttelt haben.«

Ihre Haare, ihre Kleidung, ihre Drogen und ihre religiösen Exkursionen haben eine Generation inspiriert, und ihre Lieder bewegen die Menschheit noch heute. Damals, in den sechziger Jahren, war mit den Beatles der Ton gesetzt für das neue Bild eines ganzen Landes. Als Königin Elisabeth II. John, Paul, George und Ringo schließlich in den »Order of the British Empire« erhob, haben einige der klassischen Würdenträger ihre Orden empört an den Palast zurückgesandt. Aber der Zug der Zeit war nun abgefahren. London bekam in den Augen der Welt den Titel »swinging« verliehen. Die Mode wurde immer exotischer und bunter, die Haare wurden rot und grün und lang. Dann war der Kopf wieder kahl; als Schmuck trug man einen Ring durch die Nase und Tätowierungen auf der Stirn. Das Königreich war alles für jeden und gleichzeitig das Gegenteil. Nur langweilig durfte es nicht sein, das war auf die Dauer ein hoher Anspruch.

Daß es mit der Wirtschaft fast täglich ein bißchen schlechterging, das gab dem lockeren Klima einen zusätzlichen Charme. Wirtschaft wurde mit Musik überdeckt. Karl Heinz

Bohrer, Korrespondent der »Frankfurter Allgemeinen Zeitung«, schrieb – von Begeisterung und düsteren Ahnungen hin und her gerissen – ein Buch, dessen Titel das England der Vor-Margaret-Thatcher-Jahre stimmungsvoll zusammenfaßt: »Ein bißchen Lust am Untergang«.

Ach ja, Christine Keeler. Als ich sie kennenlernte, war sie eigentlich immer noch eine schöne Frau. Aber verhärmt, irgendwie bitter. Es war 1986, und so richtig swinging und lustig war alles nicht mehr. Nicht mehr London, nicht mehr der Sex, von der Politik schon gar nicht zu reden. Irgend etwas muß schiefgelaufen sein. Nur was?

Christine Keeler ist dazu nichts Besonderes eingefallen. Margaret Thatcher, ja, die hätte darauf eine Antwort gewußt. Margaret Thatcher weiß immer eine Antwort. Von der Nostalgie der sechziger Jahre wird sie wohl nicht sehr befallen sein. Harold Wilson kam ja damals an die Macht, ein Premierminister der Labour-Partei. »Old Harold« lag damals im Trend dieser Zeit. Er lud die Beatles zu seinen Parties in die Downing Street ein, nicht nur die üblichen Würdenträger im dunkelgestreiften Anzug. Zu einem gewissen, bescheidenen Teil hat ja auch Christine Keeler Harold Wilson an die Macht gebracht. Zumindest hat sie zum Ende einer konservativen Epoche vor ihm beigetragen, nämlich dazu, daß Harold MacMillan 1963 ganz plötzlich zurücktrat: Ohne Christine Keller wäre die Geschichte eventuell anders verlaufen. Nach MacMillan kam zwar noch Sir Alex Douglas-Home, aber das war nur ein kurzes Zwischenspiel.

Eine Möglichkeit, den Stellenwert Christine Keelers in der britischen Geschichte zu erahnen, ist das Studium der Protokolle einer Parlamentsdebatte vom 22. Juni 1963. Der Premierminister MacMillan nahm damals zum Rücktritt eines seiner Minister Stellung und begann seine Rede mit dem Satz: »In meinem ganzen Leben, ja in der gesamten politischen Geschichte unseres Landes kann ich mich an keinen Minister erinnern, der seine Frau, seine Kollegen im Kabinett und das Parlament bewußt belogen hätte!« Der Punkt, in dem jener Minister seine Frau und das Parlament belogen hatte, war ein Verhältnis mit der einundzwanzigjährigen Christine Keeler. Woraus wir heute zu schließen haben, daß vor dem 22. Juni 1963 nie ein britischer Minister seine Frau betrog. Oder falls doch, dann waren sie jedenfalls immer ehrlich zu ihren Frauen, zum Kabinett und vor dem Parlament.

Wozu die ganze Affäre langschweifig wiederholen? Mr. John Profumo, der Kriegsminister Ihrer Majestät, hatte bei einer Party Miss Keeler kennengelernt. Ihr Beruf wurde damals mal mit »Modell« und mal mit »Callgirl« angegeben. Sie hatte eben einen umfangreichen Bekanntenkreis, zu dem unter anderem auch der Kapitän Eugene Ivanov gehörte, stellvertretender Marineattaché der sowjetischen Botschaft.

Über militärische Dinge sei in keinem der Betten gesprochen worden, versicherte die plötzlich ins Rampenlicht gerückte junge Frau einer Untersuchungskommission, allen Zeitungsreportern, jedem, der es wissen wollte – bis hin zum Deutschen Fernsehen, als es später dem Geist der sechziger Jahre auf der Spur war. Sie sei nur ein lebenslustiges Geschöpf gewesen, das in das Intrigenspiel der Politik geraten sei und in die grausamen Fänge der Presse. Die untersuchenden Juristen haben dies später bestätigt.

Bemerkenswert für den Geist jener Tage auf der Suche nach neuen Grenzen für die Freiheit war in der Tat das Vorgehen der Zeitungen, die sich nach dem damals geltenden Recht und auf der Suche nach einer noch weithin unerforschten öffentlichen Moral dem Thema Sex und Politik auf verschlungenem Wege näherten. Der »Sunday Mirror« zum Beispiel, der damals noch »Sunday Pictorial« hieß, hatte einen Brief des Ministers an seine Geliebte in Besitz und wohl auch die ganze Beichte der Zeugin. Dennoch hätte es die Gazette in Teufels Küche gebracht, einfach zu drucken, was sie wußten – selbst unter Berücksichtigung der sowjetischen Komponente. Da mußte der Name des untreuen Ministers auf eine sehr umständliche Weise mit einer Schlägerei in Verbindung gebracht werden, die ein für die Sicherheit der NATO nicht weiter bedeutsamer anderer Bekannter Christine Keelers vor deren Wohnung angezettelt hatte. Es war alles sehr rätselhaft, sehr indirekt, sehr britisch, was da geschrieben wurde, bis schließlich die Labour-Partei eine Anfrage im Parlament stellte.

Der Minister log über den Charakter seiner Beziehungen zu Miss Keeler. Seine Frau hat ihm verziehen, das Parlament verzieh ihm nicht.

Für Harold MacMillan, den Premierminister, hätte der Schaden eigentlich mit der Entlassung seines Kriegsministers eingedämmt sein können. Und doch: Ein paar Monate später wurde er krank und trat zurück. Er war ein Politiker und ein Gentleman der alten Schule, jemand, der es sich nicht vorstellen konnte, daß ein Minister seine Frau belügt. MacMillan, der schließlich noch dreiundzwanzig Jahre bei rüstiger Gesundheit im Ruhestand verbrachte, habe die Welt nach Christine Keeler nicht mehr so richtig verstanden, schrieben Historiker und politische Experten. Daß man im Parlament über Sex reden mußte, sei ihm als Komplott gegen seine Person erschienen, eine dramatische Verwilderung der Sitten.

Christine Keeler hat dann noch Bücher geschrieben, die aber keine großen Erfolge waren. Irgendwann ließ das Interesse an der einst so spannenden und schließlich doch sehr monotonen Affäre nach. Sie versuchte eine Karriere beim Film, was aber nicht so recht ihre Begabung war. So lebt sie heute in ärmlichen Verhältnissen in Chelsea am Ende der King's Road. Die Siedlung hat den poetischen Namen »Ende der Welt«.

Untreue Minister hat es inzwischen sogar im Kabinett von Margaret Thatcher gegeben. Mitglied in der konservativen Partei zu sein ist gegen gewisse Schwächen eben kein ausreichender Schutz. Die Presse genießt es denn auch immer besonders, wenn es – der familienpolitischen Leitsätze wegen – mal wieder einen Konservativen erwischt. Sozialisten kommen da immer etwas günstiger weg, weil alle Fehler, auch ihre privaten, notfalls Fehler der Gesellschaft sind.

Politik und Moral, Kultur und Mode, die frechen sechziger Jahre sind heute beerdigte Träume. Durch Liverpool ziehen die Touristen, fotografieren mit einer Ehrfurcht wie vor heiligen Gräbern die Kulisse, wo der alte Cavern Club stand, in dem die Karriere der Beatles begann. Sie stehen andächtig vor Blackler's Store, wo George Harrison einst Elektriker-Lehrling war, pilgern zu jenem Haus, wo der junge Kunststudent John Lennon bei seiner Tante wohnte. In den Londoner Auktionshäusern Sotheby's und Christie's klettern derweil die Preise für die Reliquien der Swinging Sixties aus der Reichweite der Sammler in die obere Etage der Kapitalanleger. Der Marktwert für die Briefe, die ersten Platten, die Autos oder die Musikinstrumente der Helden von damals brauchte nur fünfundzwanzig Jahre, um sich einzupegeln.

Und Voraussetzung für die Krisenfestigkeit der Geldanlage ist die klare Überschaubarkeit des Marktes. Die Epoche muß abgeschlossen sein, es darf nichts Neues mehr in Umlauf kommen, das die Preise drückt. Die alternde Generation der Sixties erlebt, wie unter ihren Kindern eine neue Keuschheit um sich greift. Und eine vor nichts zurückschreckende Toleranz verlangt ihnen ab, selbst Thesen des Thatcherismus im Hause zu dulden.

Einen der drei übriggebliebenen Beatles, Paul McCartney, habe ich gefragt, warum denn seiner Meinung nach die Zeit der wunderschönen Lieder und die Botschaft der Liebe so rauh gescheitert seien. Er fand, dies sei eine gute Frage. Er singt ja immer noch, steht aber seiner alten Plattenfirma noch heute als Botschafter zur Seite, um die Träume von damals auf neue digitale Systeme zu übertragen: Sergeant Peppers Band vom Club der Einsamen Herzen, die Balladen vom »Yesterday«.

Paul war es gewesen, der in jenen selbstbewußten Jahren sogar einem Strafmandat noch romantische Seiten abgewinnen konnte. Als er aus dem Studio kam und sah, was jeden anderen verdrießlich gestimmt hätte, daß eine Parkuhrenkontrolleurin namens »Meta« gerade dabei war, ihn aufzuschreiben, da widmete er ihr ein Liebeslied. »Meta«, wie Parkuhr im Londoner Cockney-Dialekt ... In seinem weltberühmt gewordenen Lied hat er sie »Lovely Rita« getauft. Die reale Meta, die liebliche Erscheinung in Uniform, ist in den späten achtziger Jahren in Pension gegangen.

Mit den Beatles war die britische Rock- und Pop-Mission nicht völlig vorbei. Nur die große Legende brach entzwei. Es gab neue Trends und neue Plattenmillionäre: von den Punk-Bands wie Sex Pistols über The Police bis zu Boy Georges Culture Club und Frankie Goes to Hollywood. Richard Branson, der vorzeitig die Schule verließ, gründete ein weltweites Imperium der Schlagerbranche und erweiterte das Plattengeschäft um Filmproduktionen und schließlich sogar um eine Transatlantik-Fluglinie mit seinem Markenlabel »Virgin«. Er stellte waghalsige und immer etwas umstrittene Weltrekorde auf, wie die schnellste Überquerung des Atlantiks mit Motorboot und Heißluftballon. Erst ist das Motorboot im Atlantik gesunken, dann der Heißluftballon über der Irischen See außer Kontrolle geraten.

Politisch bemerkenswert ist, daß der Abenteurer und Gigant der Rock- und Popmusik Margaret Thatchers Sonderberater für Umweltfragen wurde.

Auf der Fahrt vom Londoner Flughafen in die Downing Street war der Premierministerin aufgefallen, daß die Nation nicht reinlich sei. Überall leere Dosen, Papier, weggeworfene Verpackung von Hamburgers und Pizza. Man müsse die Briten dazu erziehen, Abfälle in die dafür vorgesehenen Mülleimer zu tun. Der Herrscher über Rock- und Popmusik stimmte der strengen Erzieherin zu. Die Revolution, die mit den Beatles begann und die alle Freiheiten erproben wollte, sie hat politisch wirklich alles ausgekostet. Bis hin zum kühnen Experiment, sich hemmungsloser Ordnung hinzugeben.

Die Frau mit dem kompliziertesten Beruf der Welt

Es war an einem sonnigen Tag im Herbst. Der Pressesekretär Ihrer Majestät der Königin hatte etwa ein Dutzend ausländischer Korrespondenten um sich versammelt, um ihnen aus Anlaß einer bevorstehenden Konferenz des Commonwealth in einem kurzen Referat einen Überblick zu geben über »Die Rolle der Monarchie in unserer Zeit«. Danach – falls jemand etwas nicht verstünde – sollten wir jede Gelegenheit haben, Fragen zu stellen. Damals hatte das Amt des offiziellen Sprechers Ihrer Majestät noch Michael Shea inne – eine angegraute, freundliche Erscheinung, die uns Journalisten, der Zunft mit einer immer etwas gemischten Garderobe, auch in tropischer Sonne stets im korrekten Anzug gegenübertrat.

Um dies vorwegzunehmen: Die Rolle und der Aufgabenkatalog von Elizabeth Alexandra Mary sind weitaus komplizierter, als das die schlichte Berufsbezeichnung »Königin« vermuten läßt. Sie ist Staatsoberhaupt im Vereinigten Königreich und obendrein noch Königin von sechzehn anderen Ländern, Oberhaupt der Völkergemeinschaft Commonwealth mit neunundvierzig Mitgliedsstaaten, »Verteidigerin des Glaubens« und damit höchste irdische Autorität der anglikanischen Religion. Die weniger bedeutsamen Ämter dieser so schlichten, scheuen, menschlichen Erscheinung lassen wir einfach mal beiseite. Ihr Beruf in dieser Vielfalt ist so verzwickt, daß amerikanischer Präsident oder sowjetischer Generalsekretär zu sein wie eine monotone, eingleisig-schlichte Aufgabe erscheint. Denn schon der Hauptberuf Elisabeths II. ist in sich so komplex und in Jahrhunderten so verfeinert, daß es eine kühne intellektuelle Leistung ist, die Fülle und die Begrenzung ihrer Autorität korrekt zu erfassen. Doch über all dies – soweit ich es begriffen habe – später mehr.

Als das Referat des Königlichen Pressesekretärs zu Ende war, stellte ein australischer Journalist die erste Frage. Das heißt, eigentlich war es keine Frage, eher ein ergänzendes Referat: »Michael, das ist alles sehr schön, was Sie uns da über die Rolle der Monarchie erzählt haben. Aber nun will ich Ihnen mal schildern, wie der journalistische Alltag aussieht, wie sich das anhört, wenn meine Redaktion mich anruft und einen Bericht bestellt über das englische Königshaus. Sie haben dann in Melbourne etwas in den Agenturen gelesen, das die wiederum aus der ›Sun‹ oder der ›Daily Mail‹ in London abgeschrieben haben: ganz atemberaubende Geschichten über die Ehe von Charles und Diana. Als seriöser Journalist wende ich mich natürlich sofort voller Vertrauen an Sie, den Pressesekretär Ihrer Majetät, nur um zu erfahren, daß das alles Unsinn sei. Schön, dann frage ich Sie, wie derart unseriöse Gerüchte wohl wieder einmal entstanden sein könnten, ob der Prinz denn nicht dies oder das im Kreis von Freunden geäußert haben könnte, wo der Prinz jetzt gerade sei, wo die Prinzessin, wann die beiden das letzte Mal längere Zeit irgendwo zusammen gesehen wurden. Und von Ihnen, Michael, erfahre ich nichts. Alles Unsinn – no comment! Wenn ich dann den Inhalt unseres niveauvollen Gesprächs meiner Redaktion in Melbourne durchtelefoniere, halten die mich schlicht für krank, im besten Falle sind ihnen meine seriösen Erkenntnisse völlig egal. In der ›Sun‹ habe es doch gestanden, und – wahr oder nicht wahr – unsere Leser hätten einen Anspruch auf eine spannende, unterhaltsame Geschichte. Um die Sache abzuschließen: Einen Bericht über die Rolle der Monarchie im 20. Jahrhundert hat meine Redaktion noch nie von mir gewollt!«

Der Pressesekretär, in seiner vornehmen, wohlwollenden Art, lobte die Anmerkungen des Mannes aus der Praxis sowohl wegen ihrer Offenheit als auch wegen des hohen Grades an Realismus. Es sei ganz sicher so, daß hier unterschiedliche Erwartungen und Konzepte aufeinanderprallten. Dennoch habe es wahrscheinlich nicht geschadet, sich einmal mit den ernsthaften Aspekten der Thematik auseinanderzusetzen. Und so gingen wir vondannen in dem Gefühl, sowohl die Mission der Monarchie als auch die Mission der Presse auf eine realistische und doch auch ethisch anspruchsvolle Weise debattiert zu haben, ohne daß die Leser, Hörer oder Zuschauer in aller Welt von dieser Seriosität allzuviel würden profitieren können.

Die erste größere Versuchung, für das Deutsche Fernsehen aus dem Alltag der königlichen Familie zu berichten, überkam mich schon bald nach meinem Umzug nach London. In der Badewanne fiel mir plötzlich auf, daß die Königin und der größte Teil ihrer engeren Familie ganz offensichtlich das gleiche Haarwaschmittel benutzen mußten wie ich. Kein Zweifel, denn es stand ja auf der Tube: »By Appointment To Her Majesty The Queen«. Verschiedene, ganz praktische Gedanken gingen mir durch den Kopf: Warum nimmt sie gerade dieses? Selbst ausgesucht im Supermarkt hat sie es sicher nicht, doch hoffentlich wird sie mehrere Marken vorher ausprobiert haben, bevor sie ihren Untertanen den Lieferanten empfahl. Und was mich am meisten verwirrte: War ihr überhaupt klar, daß dieses Haarshampoo eine amerikanische Marke war?

Also wandte ich mich an Michael Shea, den königlichen Pressesekretär, der dies sofort als eins der seriösen Anliegen der Pressezunft einstufte. Schon zwei Tage später saß ich in einem der Sandsteingebäude am Buckingham Gate in einem großen, stilvoll eingerichteten Salon einem Herrn im gestreiften Anzug gegenüber, dessen Namen ich leider vergessen habe. Sein Dienstgrad war »Commander«, und er war so etwas wie der Sekretär der »By Appointment To Her Majesty The Queen Society«. Dies war, wie sich herausstellte, eine Institution, zu der sich all die Hoflieferanten zusammengeschlossen hatten, die auf ihren Produkten das Wappen und den Namen der Königin führen dürfen. Sehr englische, ländliche Handwerkszweige waren hier vertreten, wie Sattler, Stiefelmacher und Büchsenschmiede, natürlich auch Hersteller allererster Marmeladensorten, die Kaufhäuser Harrods, Fortnum & Mason, ein Lieferant für den wahrhaft gediegenen Regenschirm, für schottische Tuche, für Praktisches, Nobles und Profanes, bis hin zur chemischen Industrie, zum Haarwaschmittel eben. Ein gewisser finanzieller Beitrag der Firmen ist mit der königlichen Ehrung natürlich auch verbunden.

Der Commander, wie nicht anders zu erwarten, zeigte sich auf stilvolle Weise entzückt, daß ich mit meinem Anliegen zu ihm gekommen war. Die Angelegenheit genieße die wohlwollende Unterstützung des Palastes. Wir tranken Tee und unterhielten uns fast zwei Stunden lang. Hochvergnüglich fand er meine Verblüffung über das königliche Wappen auf dem Haarwaschmittel. Bis auf den Hinweis, daß die Marke wahrscheinlich amerikanisch sei. Dem Anliegen, über dies alles einmal einen Film für das Deutsche Fernsehen zu produzieren, stand er grundsätzlich sehr positiv gegenüber.

Da waren allerdings ein paar organisatorische Details, die es vorher zu klären galt. Zunächst einmal müsse er, der Sekretär der Society, das Projekt der nächsten Jahresversammlung vortragen, die so etwas in letzter Instanz zu genehmigen habe. Wie das Leben manchmal so spielt, die letzte Jahresversammlung war gerade erst gewesen. Um diese erste Hürde zu nehmen, würde ich mich nun ein knappes Jahr zu gedulden haben. Der Rest an weiteren möglichen Komplikationen bestand eigentlich nur noch in einer gewissen moralischen Verpflichtung des Commanders, den Journalisten vor den üblichen Sünden seines Berufsstandes zu beschützen und seine etwas übertriebenen dramaturgischen Einfälle auf das Maß des Möglichen und Geziemenden zurückzuschrauben.

Gut, die Königin beim Haarewaschen oder beim Einkaufen, überhaupt die Königin als Verbraucherberatung in jeder Form, diese Träume habe ich schon von mir aus verständnisvoll geopfert. Aber wie wär's mit einem Blick in die Küche des Palastes? Mit der Kamera einmal dabei sein beim Anliefern des täglichen Bedarfs für jenen riesigen Betrieb des Repräsentierens? Ob der Koch denn zum Interview bereit sein könnte oder der Hofmeister? Der Commander werde gewiß den Wunsch eines Journalisten verstehen, einmal die Kamera von der anderen Seite auf den Zaun des Palastes zu richten ... Der Commander lächelte milde.

Und dann machte er mir höflich, aber knallhart klar, was möglich sei und was nicht – eben alles andere. Also möglich wäre gewesen, in ein oder zwei von der Society auf der Jahresversammlung zu bestimmenden Betrieben zu filmen. Zum Beispiel bei einem Sattler, zum Beispiel bei einem Hersteller von Marmelade mit dem königlichen Wappen auf dem Glas. Es dürften dort auch Interviews geführt werden. Aber nur über die Herstellung und die Qualität der Produkte, auch über die Geschichte des Betriebes, nicht über die königliche Familie, auch nicht über die Geschäftsbeziehungen der Hoflieferanten zum Palast oder gar über die Frage, wie sich das königliche Wappen auf dem Produkt auf den Umsatz ausgewirkt habe. Da war dann auch noch der Hinweis, den ich schon vor meinem Gang zum Buckingham Gate befürchtet hatte, die Fürsorge des Hofes für einen Berufsstand der ja immer etwas liederlichen Art: Nach Abschluß des filmischen Teils und Entwurf eines Textes durch mich wäre das Ganze der »By Appointment To Her Majesty The Queen Society« zur Berichtigung von Fehlern vorzulegen. Erst dann – nach der Freigabe – könne es gesendet werden.

Ich war nicht gerade begeistert und ließ es meinen Gesprächspartner auch spüren. An meiner Ehre als Journalist, so sagte ich dem Commander, wäre ich wohl bereit gewesen, auch Abstriche zu machen und etwas zu akzeptieren, was in der Zunft gemeinhin als schmachvoll gilt: den, über den man berichtet, zensieren und bestimmen zu lassen, was man über ihn schreibt oder sagt. Was sei schon meine Ehre, gemessen am Interesse einer Republik an der königlichen Familie! Dennoch: Ein bißchen mehr vom Leben im Palast müsse schon dabei herauskommen. Für ein paar Bilder von einem Sattler und ein Interview über Marmelade könne ich die Achtung vor mir selbst noch nicht aufs Spiel setzen. Ich lehnte also den Vorschlag des Commanders höflich ab. Der Commander hatte Verständnis dafür.

Mein Mut war nun etwas gebrochen, die Tür zum Palast je auch nur einen Spaltbreit öffnen zu können. Doch so gänzlich unromantisch ist mein Leben als Londoner Korrespondent in den Jahren darauf dann auch nicht verlaufen. Bei offiziellen Anlässen wie königlichen Hochzeiten, königlichen Geburten und Taufen, beim ersten Gang von Prinzen in den Kindergarten und ähnlichen Ereignissen von weltweitem Interesse haben uns die BBC und das britische Fernsehen ITN mit ihrem Bildmaterial versorgt. Sie – und nur sie – dürfen natürlich auch ihre Kameras bei den feierlichen Eröffnungen des Parlaments aufstellen, was – gemessen am öffentlichen Interesse – schon weniger bedeutsam ist. Aber letztlich geht es den britischen Kollegen auch nicht anders, als es mir erging: Was wichtig ist, entscheiden nicht sie, der Palast selbst bestimmt, wann das Licht der Öffentlichkeit angeschaltet wird und wie lange. Im Kommentieren der Ereignisse im familiären und sozialen Kalender der Familie an der Spitze der Nation sind sie noch rücksichtsvoller und feierlicher in ihrem Tonfall als jeder Reporter vor brasilianischen oder thailändischen Mikrofonen.

Bei königlichen Besuchen irgendwo im Lande – Eröffnungen von Gemeinschaftszentren, Besuchen in Fabriken und Schulen – war da und dort auch mal unsere Kamera dabei. Schließlich hat mein Kollege und Vorgänger im Londoner Studio, Rolf Seelmann-Eggebert, mit besonderer Hartnäckigkeit und mit mehr Geduld als ich die Serie »Royalty« produzieren können, die von Fernsehsendern in aller Welt übernommen wurde, sogar vom »Channel Four« in Großbritannien.

Möglich ist es also schon, seriös zu sein im Umgang mit dieser Thematik. Den meisten von uns gelingt es nur leider nicht. Ob die journalistische Dimension der Sensationsgier, des Unseriösen, Märchen- und Skandalgetränkten nun für eine königliche Familie ein großer Schaden ist oder am Ende gar ein Nutzen, darüber gibt es zwei einander widersprechende Theorien. Die einen sagen, die britische Monarchie verdanke ihre sonst schwer erklärliche Popularität rund um den Erdball und auf der eigenen Insel vor allem dem Umstand, daß die Klatsch- und Regenbogenpresse (und hilflos in deren Schlepptau eben auch die sogenannte seriöse) ihre Neugier speziell auf die Familie Windsor konzentriere. Die Gegentheorie klagt über eine Zerstörung der königlichen Würde und die völlige Mißachtung der privaten Sphäre einer Familie. Die Wahrheit ist wahrscheinlich, daß beide recht haben, daß jede Theorie richtig ist, ohne daß die andere dadurch falsch wäre. Mit der Familie der britischen Königin wird rauh umgegangen in den Medien der Welt. Aber: Seriöses oder Unseriöses, was auch immer über sie gedruckt und gesendet wird, erhöht letztlich nur ihre Beliebtheit.

Beide Lager gehen wohl gemeinsam davon aus, daß selbst an der Schwelle zum 21. Jahrhundert die Gekrönten, die Übriggebliebenen aus dem Mittelalter, Teile der menschlichen Seele und der menschlichen Phantasie anrühren können, die Präsidenten oder Generalsekretäre nun einmal nie erreichen. Politik in ihrer besten Form produziert an der Spitze der Nation das Klare, das Verdienst und die Vernunft, letztlich aber Menschen wie du und ich; die schlechteren Exemplare kommen durch nackte Gewalt oder politische Mauscheleien nach oben. Man kann sie respektieren, man kann sie fürchten oder verachten. Aber zum Träumen geben sie wenig her.

Gut, wer träumt schon vom König von Norwegen oder Belgien? Na eben, die Traumindustrie mit ihren wahren, halbwahren oder völlig erfundenen Geschichten hat nicht genug für deren Ruhm getan. Kein Mythos umgibt sie, kein Drama, keine Pikanterie. Es fehlt jener besondere Hauch der Übernatürlichkeit; der graue Alltag von Millionen wird nicht automatisch schon durch die Krone verschönt oder gar verzaubert. Denn mit der Person Elisabeths II. allein sind die Auflagen der bunten Blätter auch nur mäßig zu erhöhen. Wer ihr zuschaut bei ihren Auftritten in der Öffentlichkeit, kann solchem Ruhm gegenüber nur ratlos sein. Sie geht langsam – eine riesige Handtasche am linken Arm, von ihren Hüten gar nicht zu reden –, eher scheu tritt sie auf als in irgendeiner Form mitreißend oder verzaubernd. Man hat nie das Gefühl, daß sie den Trubel besonders genießt, der um sie herum und letztlich ihretwegen veranstaltet wird. Da geht, da steht eine Frau vor Tausenden von jubelnden Menschen, und man wird den Eindruck nicht los, daß ihr das Ganze wohl eher ein bißchen lästig sei. Das übliche Public-Relations- Gehabe der meisten Größen dieser Welt, es ist ihr völlig fremd. Mal ein Kind, auf das sie freudig zugeht, ein Pferd, das ihre Augen zum Leuchten bringt, der Rest ist pflichtgedämpftes Händeschütteln. Immer wieder bei glanzvollen Zeremonien haben Chronisten aller Art zu Protokoll gegeben, die Königin habe den Eindruck einer englischen Hausfrau gemacht, die viel lieber daheimgeblieben wäre in ihrem Garten, bei den Enkelkindern oder vor dem Fernsehapparat, als hier im Mittelpunkt der allgemeinen Neugier zu stehen.

Die »Times« faßte die königliche Unaufgeregtheit einmal in dem Satz zusammen: »Ob sie ihren Job nun mag oder nicht, das ist – aus ihrer Sicht – wohl eine Frage, die sich einfach nicht stellt.«

Es ist mir immer ein bißchen peinlich gewesen, dies offen einzugestehen: Jedem aufgeklärten politischen Denken zum Trotz, ich habe diese Königin bewundert! So umzugehen mit dem Glanz dieser Welt, ist wohl das vorgelebte Ideal, von dem Philosophen seit Jahrhunderten geschrieben, das Politiker immer wieder beschworen haben. Doch wie wenige haben im täglichen Umgang mit dem Ruhm ihre Umwelt wirklich davon überzeugen können, daß ihnen der Pomp nicht doch zu Kopf gestiegen ist, daß sie am Ende nicht berauscht und hingerissen waren von der eigenen Bedeutsamkeit.

Aber das hat das englische Königshaus mit einer erfolgreichen Fernsehserie gemein, daß schließlich jeder die Phantasie anregende Part im »Palace Dallas« eine treffliche Besetzung fand: die Prinzessin, die vor dem Spiegel steht; der Prinz, den die Schwermut über diese Welt befallen hat, den die Schönheit der Prinzessin nur noch trauriger stimmt; eine Galerie von jüngeren, nicht immer artigen, nicht immer züchtigen Prinzen; der strenge, manchmal zu strenge Gemahl an der Seite der Monarchin; eine königliche Schwester, die irgendwann die Sucht nach ordinären Lebensfreuden überfiel; die Königstochter mit arroganter Schale, aber dennoch hellem Kern; eine angeheiratete Verwandte mit schwer zu zügelnder Geltungssucht; um nur ein paar zu nennen. Denn die erfolgreiche Serie lebt nicht nur vom Titelhelden, und die Würze liegt nicht in der Makellosigkeit, eher schon in der Verwicklung.

Die geschickte Mischung dieser vielen Temperamente ergibt über die Saison verteilt die schönste Fernsehoperette, den nie endenden Fortsetzungsroman für die Zeitung. Sie leben dort auf dem Tablett der Öffentlichkeit, mit ihren privaten Sorgen und familiären Reibereien das Eigentum der Allgemeinheit, wie in einer Puppenstube der Nation. Wie kann einer Gazette, die im harten Kampf am Kiosk überleben muß, je das Pulver ausgehen, wenn selbst in der größten Flaute an Krisen und Skandalen immer aufs neue die Frage gestellt werden kann, warum der Prinz gestern wieder einmal so blaß in die Kameras schaute, ob vielleicht der Flirt der Prinzessin mit einem besser tanzenden, von keinem Problem gequälten Offizier der Grund sein könnte für die königliche Blässe. Allein die Frage aufzuwerfen, nichts Unseriöses zu behaupten, gibt die magische Schlagzeile her. Die ganze Welt hat sich diese Sorgen ja auch schon längst gemacht. Liegt es an ihm? Liegt es an ihr? Weint die Prinzessin in der Nacht?

Man muß es sich vorstellen, ein zukünftiger König ringt mit sich selbst und seiner Rolle im Leben, sitzt nächtens am Lagerfeuer in der Kalahari-Wüste, ein väterlicher Freund und Philosoph an seiner Seite. Sie sprechen über die Urinstinkte des Menschen, die Entfremdung von der Natur. Sie sprechen über junge Leute, denen das Leben keinen Hinweis mehr gibt, warum sie denn geboren wurden, was die Welt überhaupt von ihnen erwartet. Sie diskutieren fernab von der Zivilisation über die Scheußlichkeiten moderner Architektur, über die Trennung des Menschen von anderen Menschen und insbesondere über die Trennung eines Prinzen vom ganz normalen Leben, einem Leben ohne Leibwächter, Feierstunden und Fähnchenschwenken. In den britischen Zeitungen wird immer wieder geschrieben, vermutet oder auch nur angedeutet, daß ein König im Wartestand viel lieber Gärtner oder Baumeister geworden wäre, als sich Jahr um Jahr auf den Thron vorzubereiten. Und dann an seiner Seite die Frau, die nur einen ausgefallenen Hut zu tragen und mit rehscheuen Augen in die Kameras zu schauen braucht – schon liegt diese ganze komplizierte Welt ihr traumversunken zu Füßen. Wozu Schwermut? Weshalb braucht das Leben einen Sinn? Wenn eine solche Ehe keine Romanvorlage ist, was dann?

Eins der vielen Probleme dieses Prinzen ist es gewiß, daß er nach all der Erziehung und all dem Philosophieren möglicherweise fünfzig Jahre alt werden könnte, vielleicht sogar sechzig, bevor er ins volle Berufsleben einsteigen kann, bevor er endlich die Aufgabe übernimmt, auf die man ihn vier

Jahrzehnte lang sorgsam vorbereitet hat. Vielleicht ist es dieser Schwebe- und Wartezustand, dieses Immer-noch-nicht-auf-eigenen-Füßen-Stehen, das ihn so melancholisch macht, das ausgerechnet einem Königssohn die Sensibilität verleiht, die Seelenlage arbeitsloser junger Menschen in Liverpool oder Birmingham zu erspüren. Journalisten, die ihn und seine ganze Familie nicht mögen, haben den Prinzen zum ranghöchsten Arbeitslosen der Nation erkoren.

Nach britischem Arbeitsrecht hätte die Königin schon seit ihrem sechzigsten Geburtstag die Möglichkeit, vorzeitig in Pension zu gehen. In einer Sonderserie der »Times« aus Anlaß dieser runden Jahresfeier hatte man ihr für das Ausscheiden aus dem Arbeitsleben eine wöchentliche Rente von 61,30 Pfund errechnet. Dem Autor Alan Hamilton kamen allerdings Bedenken, ob eines gewissen privaten Vermögens wegen dieser Anspruch an die staatliche Versorgung nicht doch gefährdet sei.

Wie hoch das Vermögen der Königin ist, darüber gibt es offiziell wie inoffiziell nur Gerüchte. Warum nicht einhundert Millionen Pfund? Die Summe klingt stilvoll und ist jedenfalls nicht kleinlich. Elisabeth hätte ganz sicher auch das Talent, sich ohne den täglichen Auftritt in der Öffentlichkeit auf sinnvolle Weise selbst zu beschäftigen. Und das in dem für jede Mutter tröstlichen Gefühl, daß der längst erwachsene Sohn endlich den festen Platz im Beruf gefunden hat und nunmehr zwar abgekämpft, aber doch stolz auf seine Arbeit abends aus dem Dienst nach Hause kommt.

Doch das logisch und sozial so schwer zu begründende Amt hat seine eigenen mythischen Zwänge. Man erwirbt die Eignung zum König durch nichts anderes als durch die Geburt, und – so scheint es – psychologisch ist es ziemlich schwer, sie anders als durch den Tod wieder loszuwerden.

Denn jedes das würdige Rollenspiel aufschreckende Ereignis, jede öffentliche Diskussion über eine Position, die nun einmal nicht durch Wahlen, Examen oder eine andere Form von Gewöhnlichkeit zu erreichen ist, gefährdet die Institution eben doch, rüttelt an den Fundamenten der Monarchie. Selbst in Großbritannien, dem Land mit dem weltweit beliebtesten Unternehmen dieser Art. Die Liebesgeschichte des Jahrhunderts, der Rücktritt Edwards VIII., um eine geschiedene Amerikanerin zu heiraten, war nicht nur ein Opfer für ihn selbst, es war eine ernste Krise für den ganzen Berufsstand des Königtums.

Die Bewohner des Buckingham Palace und all der anderen Paläste je nach Anlaß, Funktion und Jahreszeit müssen trotz aller Popularität des Augenblicks mehr als jeder Angestellte bei der Post die Zukunft ihres Unternehmens im Auge haben. Denn anders als in früheren Jahrhunderten kommt es heute nicht mehr auf die Loyalität des Landadels an, entscheidend für die Zukunft der königlichen Dynastie ist auch nicht das Votum der politischen Parteien. Die Intellektuellen im Lande mögen in ihrer Ratlosigkeit vor soviel Unverwüstlichkeit des Mittelalters freundliche oder auch böse Witze über das Königshaus machen, bis hin zu jener Fernsehsendung »Spitting Image«, in der die Knautschpuppe mit der Rolle der Königin schon mal die Schnapsflasche schwenkt oder sich mit der Premierministerin prügelt. Entscheidend für die Zukunft der Krone ist »the special relationship«, die Koalition der ganz besonderen Art zwischen oben und unten im Klassenstaat. Die Kosten für königliche Flugzeuge und Kutschen, für die königliche Jacht »Britannia«, für den Unterhalt von Schlössern, das Salär von Kammerdienern, Stallburschen und Pagen, der ganze kaum kalkulierbare Unterhalt für die Monarchie basieren auf der

Großzügigkeit und Unerschütterlichkeit, auf der »Liebe« der großen Zahl der Nicht-so-Begüterten, die in der britischen Politik immer als »Arbeiterklasse« beschrieben werden.

Wenn die Unteren auf der Klassenskala Königinnen und Könige nicht mehr wollen, wird die Familie Windsor keine Partei und auch kein Arbeitsgericht im Palast halten können. Doch die hart Arbeitenden, ja sogar die Arbeitslosen, die vom Leben nicht Bevorzugten zeigen auf eine unerschütterlich britische Art nicht die geringsten Zweifel, keine Spuren von Neigung, die Suche nach einem Staatsoberhaupt der Maschinerie der Politik zu übertragen.

Politiker kommen und gehen. Mag Margaret Thatcher auch länger im Amt sein als alle vor ihr in diesem Jahrhundert, Elisabeth hat schon acht Premierminister erlebt, hat sich in deren politische Programme zwar nie eingemischt, und doch mußten sie nun schon über fünfunddreißig Jahre lang jeden Dienstag bei ihr zum Vortrag erscheinen, um mit der Monarchin durchzusprechen, welche Krisen es gibt und welche Lösungsmöglichkeiten. Vom Sozialisten Harold Wilson wird gesagt, er habe diese Audienzen zunächst nicht besonders ernst genommen, er habe der Königin ein paar schwungvolle Parolen an den Kopf geworfen über soziale Gerechtigkeit und ein fortschrittliches Großbritannien. Elisabeth, so heißt es, habe dann etwas getan, was Journalisten im Umgang mit Politikern so äußerst selten gelingt: »Sie sind hier nicht auf einer politischen Versammlung«, habe sie gesagt, »ich bin die Königin, ich vertrete das Land. Mir müssen Sie alles so gründlich erklären, bis ich jeden Punkt begriffen habe.« In den Jahren darauf verstanden sich die beiden prächtig. Edward Heath, der konservative Premierminister, wird mit dem Satz zitiert: Der Besuch bei der Königin sei für jeden britischen Regierungschef wie ein wöchentlicher Gang zum Psychiater.

Die Frage, wieviel Einfluß sie nehmen kann auf das Geschehen im Lande, ist nirgendwo klar geregelt. Die Macht haben britische Parlamente ihren Königen über die Jahrhunderte scheibchenweise abgetrotzt und entzogen. Die Königin hat bei der jährlichen Eröffnung ihres Parlaments Wort für Wort das vorzutragen, was ihr der Premierminister in die Rede schrieb. Falls die Regierung morgen stürzt, dann sagt die Königin in ihrer nächsten Rede eben das Gegenteil. Die einzige Entscheidung, die Elisabeth unter besonderen politischen Konstellationen einmal selber treffen könnte, dürfte oder müßte, ist ein Eingriff in die Politik, der bisher nie vorkam und den man im Palast mehr fürchtet als herbeisehnt: Wen mit der Bildung einer Regierung beauftragen, wenn nach einer Wahl die Machtverhältnisse im Unterhaus unklar sind?

In einem Land des Mehrheitswahlsystems, das Wahlkreis für Wahlkreis nur den Sieger belohnt – und sei seine absolute Mehrheit auch nur eine einzige Stimme –, hat es selten eine komplizierte Koalitionsarithmetik gegeben. Vor den Wahlen 1987 sah es einmal kurz so aus, als könnte die Koalition von britischen Sozialdemokraten und Liberalen das übliche Duell zwischen Labour und den Konservativen durcheinanderbringen und so die Königin vor eine politische Entscheidung stellen, aus einer unklaren Politikerkombination einen herauszugreifen und mit dem Versuch einer Regierungsbildung zu betrauen. Aber dann gab der dritte klare Sieg Margaret Thatchers keinem im Lande mehr etwas zum Grübeln auf.

So bleibt der Einfluß der Königin auf die persönlichen Gespräche mit den politisch Mächtigen beschränkt. Raten, vorschlagen, befehlen, was sie tun und lassen sollen, wird Elisabeth den Politikern sicherlich nicht. Aber da sie in ihrer Person die britische Lebensart repräsentiert, Fairneß, Gerechtigkeit, das, was man tut, und das, was sich nicht schickt, sind ihr durch Fragen, bohrendes Fragen, mißmutiges, ungnädiges Fragen Einflußmöglichkeiten gegeben, denen sich kein britischer Politiker im Interesse des Landes und selbst in seinem eigenen Interesse völlig verschließen kann.

Entmachtet, wenn auch nicht des Einflusses beraubt, ist die Königin nicht nur auf dem Feld der Politik, sondern in jenem Bereich des Lebens, der eigentlich auf dieser Welt ohnehin weder Könige noch Politiker etwas angehen sollte. Ob Elisabeth nun »Oberhaupt« der Anglikanischen Kirche ist oder nicht, darüber kann man streiten. Was die hübsche Formel »Verteidigerin des Glaubens« an Pflichten und Kompetenzen verleiht, ist wieder einmal auf britische Weise unklar und ungeregelt. Daß überhaupt eine Königin in den Bereich des Glaubens hineinregieren kann, also, um genau zu sein, daß dies die Regierung versteckt hinter der Autorität der Krone tun kann, widerspricht in anderen Kulturen dem ganzen Gefüge von irdischer und himmlischer Gewaltentrennung. Zwar kann selbst Margaret Thatcher nach dieser britischen Glaubenslehre nicht durch Regierungsvorlage im Namen der Königin den Himmel zum Verkauf an die Börse geben, aber sie kann – wenn die Frage aktuell wird – bestimmen, wer Erzbischof werden soll. Bischöfe sitzen dafür auch im House of Lords und wirken – auf welche begrenzte Art auch immer – auf die irdischen Angelegenheiten ein.

Angefangen hat alles einmal mit Heinrich VIII., der zunächst ein heftiger Gegner Martin Luthers war, bis er sich selbst mit dem Papst überwarf, um sich von Katharina von Aragon scheiden zu lassen und die hübsche Anne Boleyn zu freien. Wenn man es am Erfolg der weiteren Ehen dieses Königs mißt, war das Zögern des Papstes eigentlich weise und fromm. Nur war die Heirat des Königs, war auch der Wunsch nach einem Thronfolger von so entscheidender Bedeutung für die Politik des Landes, daß Heinrich VIII. solche wichtigen Entscheidungen keiner außerbritischen Machtzentrale mehr überlassen wollte. Von jenem sechsmal verheirateten Heinrich ist die Verantwortung für das seelische Heil der Insulaner auf dem Umweg über Elisabeth II. auf Margaret Thatcher übergegangen.

Allerdings läßt diese etwas respektlose Kirchengeschichte den reinigenden Einfluß völlig außer acht, den die Unterschrift unter ein Dokument und die Veröffentlichung im Namen der Königin auf die Seele jedes einmal Ernannten und Bestallten hat. In eine Aufsichtsfunktion der BBC zum Beispiel kann die Königin selbst abgedankte Politiker berufen, und sie werden ihre Funktion im Dienst der Allgemeinheit und der Krone nicht als Lizenz zur Korruption verstehen. Jedenfalls werfen in Großbritannien den Leuten mit einem königlichen Mandat nicht einmal ihre ärgsten Gegner vor, sie seien Künstleragenten für Journalisten der eigenen Partei oder Weltanschauung.

Schwere Nachteile für die Seele einer Nation hat die Monarchie natürlich auch. Ich erinnere mich besonders an einen regnerischen Tag auf dem Londoner Bahnhof Paddington, als wir beim Verlassen des Intercity gebeten wurden, vor einem roten Teppich haltzumachen, bis ein wichtiger Fahrgast den Zug verlassen habe. Der Bahnhofsvorsteher war im dunklen Anzug erschienen, um mit einem artigen Diener einen dicklichen Herrn im blauen Mantel zu verabschieden. Auf meine Frage, wer denn das wohl sei, wußte niemand von uns gewöhnlichen Passagieren eine gescheite Antwort. Nur einer aus der geduldigen Schar, die wartend mitansehen durften, wie der Mann auf dem Teppich in seinen neben den Bahnhof gerollten Rolls-Royce einstieg, murmelte gelassen: »Some Royalty, I think ... « Dies machte dem schon mal etwas labilen Republikaner aus Deutschland klar, daß man einen König oder eine Königin – und seien sie noch so sympathisch – nicht haben kann ohne ein Netz an ziemlich zufälliger Verwandtschaft. Herzöge sind darunter, ganze Kutschenladungen von Gloucesters und Kents, wohlhabende Hoheiten und Adlige ärmerer Art, Junge und Alte, Elegante und Klobige, Dumme und Gescheite. Und alle sind sie etwas Feineres als du!

Selbst unter den Schwänen in Englands freier Wildbahn gibt es gesellschaftlich getrennte Klassen: königliche Schwäne und Schwäne gewöhnlicher Art. Jährlich in jeder dritten Woche im Juli wird den würdevollen Vögeln dies auf eine eindringliche, ja schmerzhafte Weise in Erinnerung gebracht. Wir haben einmal mit der Kamera an dem Zeremoniell teilgenommen, bei dem der Status junger Schwäne für den Rest ihres Lebens gekerbt wird. Dieses Zeremoniell beginnt jedesmal in der Nähe von Windsor, in einer Schleuse der Themse, nicht zu weit vom nächsten Wirtshaus entfernt. Hauptdarsteller damals war ein älterer Herr mit einem schönen weißen Bart: Captain John Turk, der Königliche Hüter der Schwäne.

Den Titel hat er von seinen Vorfahren geerbt, denn die Turks waren in königlichen Diensten seit 1760. Das ist nicht lange, wenn man es an der Klassengeschichte der englischen Schwäne mißt. Seit 1170 gibt es die majestätischen weißen Tiere auf der Themse, und wahrscheinlich seit jenen Zeiten schon wurde der Schwan als ein königlicher Vogel eingestuft. Es gab Perioden in der englischen Geschichte, da durfte überhaupt nur der König Schwäne besitzen, und jeder, der einen Schwan verletzte oder gar ein Schwanenei stahl, wurde für ein Jahr ins Gefängnis geschickt.

Um es kurz zu machen: Heute ist die Rechtslage so, daß

sich die Königin das Recht, Schwäne zu halten auf der Themse zwischen Gravesend und Cicester mit den alten Londoner Gilden der Färber und der Weinhändler teilt. Und wenn im Sommer die Schwanenmütter mit ihren Jungen über den Fluß und kreuz und quer durch dessen Seitenarme schwimmen, jagen der Königliche Hüter der Schwäne und Vertreter der beiden Gilden in buntbeflaggten Booten den Vögeln hinterher, um den Status der Jungen zu bestimmen. Trägt die Mutter eine Kerbe am Schnabel, dann gehört sie den Färbern. Also werden ihre Küken auch einmal am Schnabel gekerbt, so vererbt sich der soziale Stand weiter. Am schlimmsten dran sind die jungen Schwäne der Weinhändler. Sie müssen sich zwei Kerben in den Schnabel schnitzen lassen. Alle Schwäne ohne Kerben sind königliches Eigentum.

Die wilde Jagd der sogenannten »Swanupper«, der »Schwanenhochheber«, in ihren farbigen Kostümen beginnt jedesmal mit einem Glas Portwein und dem ersten Toast auf die Königin. Je länger der Tag, desto lauter und fröhlicher hallen die Hoch- und Gesundheitsrufe auf die Monarchin den verschreckten Schwänen hinterher. Nicht jede Schwanenfamilie wird von den munteren Jägern aufgebracht, auf diese Weise verringert sich notwendigerweise das Kontingent der Weinhändler und Färber. Doch jedesmal, wenn einer Schwanenfamilie die Flucht nicht gelingt, wird das Boot mit dem riesigen Stander Elisabeths herangerudert, und ein würdig über dem Heck thronender Königlicher Hüter spricht das Urteil über Gekerbte und Ungekerbte.

Das Ganze ist ein königliches Geplansche, ein prachtvolles Stück Mittelalter, das nie zu Ende geht. Allenfalls die Zahl der Schwäne auf der Themse nimmt Jahr um Jahr ab. Die Tiere werden von Motorbooten aus ihrem Lebensraum verdrängt, sie vergiften sich an verlorenem Anglerblei. Und immer wieder soll es geschehen, daß ein großer Vogel in der Luft eine regennasse Autobahn mit einem Fluß verwechselt und versucht, darauf zu landen. In den fünfziger Jahren wurden etwa tausend Schwäne auf der Themse gezählt, heute sind es nur noch knapp fünfhundert.

Einem Ausländer, so schrieb das britische Wirtschaftsjournal »The Economist« zerknirscht, müsse die britische Monarchie mit all ihrem Zeremoniell wie eine Karikatur britischer Selbstgefälligkeit erscheinen. Tradition, Mythos und Ritual spielen ein uraltes Gesellschaftsspiel, und nirgendwo sind die Regeln einleuchtend definiert. Mit Vergnügen erinnere ich mich noch an einen Vormittag im Buckingham-Palast. Das war kurz bevor Bundespräsident von Weizsäkker zu Besuch bei der Königin kam und Fernsehbriten wie Fernsehgermanen völlig unkontrolliert durch die Säle stromern durften, um für die geplante Live-Übertragung des festlichen Banketts die Steckdosen und Positionen für Lampen und Kameras auszukundschaften. Das heißt: Zu erforschen gab es eigentlich nichts, Fernsehübertragungen dieser Art hatten schon oft stattgefunden. Aber das Fernsehen ist rastlos und unersättlich in seinem Streben nach technisch-organisatorischer Perfektion. Die Atmosphäre in einem herrschaftlichen Haus, das nichts von der üblichen Sterilität eines offiziellen Gebäudes hat, beeindruckt den Besucher. Jeder Stuhl ein Stück Geschichte, nicht Inventar einer Behörde. Jeder, dem man auf den Fluren begegnet, höflich, freundlich, eher ein bißchen familiär als beamtisch korrekt oder gar hektisch mit dem Aktendeckel unter dem Arm. Im Grunde ist es ja auch mehr ein Familienheim als der Dienstsitz eines staatlichen Repräsentanten.

Die Königin, ein bißchen hatte ich natürlich darauf gehofft, ist uns nicht zufällig über den Weg gelaufen in den

Sälen und langen Korridoren. Dafür hat Dennis, der Senior aller Londoner Fernsehbeleuchter, einem ausländischen Korrespondenten Privatunterricht gegeben in einer Prozedur, die er schon so oft erlebt und stilvoll ausgeleuchtet hat. Rückwärts schritt er an der Bildergalerie mit den Familienszenen der Königin Viktoria vorbei, einen Livrierten, einen Beefeater mit einer Lanze darstellend. Kamera eins, hier Umschnitte auf Kamera zwei: Die Königin, drei Schritte hinter den rückwärts gehenden Livrierten, geleitet ihre Gäste in den Ballsaal. Der Ablauf im Protokoll des Prunk- und Repräsentierbetriebes ist meistens äußerst präzise. Der Königliche Pressesekretär hatte mir eine unverbindliche Zeit gegeben, wann die Lichter angehen, wann die Königin mit ihrer Begrüßungsrede beginnen werde. Und pünktlich nach deutscher Sendezeit tat sie es auch.

Eine besonders große Stärke dieser Monarchie sei noch zum Schluß erwähnt: Wo nichts in Vorschriften geregelt und kaum noch etwas mit der Schärfe des Verstandes zu begründen ist, können Ritual und Tradition politische Kräfte zusammenhalten, die in der Nüchternheit der Politik längst erfroren und zerbrochen wären. Was genau das Commonwealth ist, ist so schwer zu beschreiben wie die Macht und die Kompetenzen einer Königin im Zeitalter des Computers. Einige sagen, Elisabeth II. sei nicht nur das Oberhaupt jener Organisation von neunundvierzig Staaten mit einer Milliarde Menschen rund um den Erdball, diese Königin *sei* das Commonwealth.

Wer es so oft miterlebt hat, wie Linke sich im politischen Alltag mit Rechten streiten und wie sich Fraktionen bilden innerhalb der einzelnen Lager, die sich dann wiederum gegenseitig bekämpfen um den Anspruch, das einzige Heilsrezept für die Menschheit zu haben, den muß folgendes Happening völlig ratlos lassen, das sich alle zwei Jahre während des großen Familientreffens dieses Commonwealth vollzieht: Regierungschefs und Staatsoberhäupter, Revolutionäre, Sozialisten und Erzkonservative, scharen sich um eine Königin. Wessen Königin ist sie dort eigentlich? Weder Linke noch Rechte haben die geringste Verspannung, hier miteinander zum großen Familienfoto anzutreten. Sie scharen sich um eine Königin, und alle strahlen in die Kamera – stolz wie Bolle zu Pfingsten.

Das Commonwealth könnte man als eine Art UNO innerhalb der UNO bezeichnen, eine Organisation, in der die ehemaligen Kolonien auf fünf Kontinenten mit der Kolonialmacht von einst um einen Rahmen für eine bessere gemeinsame Zukunft ringen. Das Commonwealth unterhält eigene Erziehungs- und Entwicklungsprogramme. In vielen politischen Fragen wie dem Problem, den Rassenstaat Südafrika in die Gemeinschaft der zivilisierten Völker zurückzuzwingen, steht das Symbol Elisabeth dieses Commonwealth im Kampf mit dem Symbol Elisabeth der britischen Politik. Die Schuld daran geben achtundvierzig von neunundvierzig Staaten der Gemeinschaft der Premierministerin Margaret Thatcher, von der Königin fühlen sich alle neunundvierzig verstanden.

Und schließlich noch ein Wort zu jenen sechzehn Staaten außerhalb Europas und der Britischen Inseln, für die Elisabeth wie in einer Art Nebentätigkeit auch noch Staatsoberhaupt und Königin ist. Da brach auf der karibischen Insel Grenada ein besonders linker Flügel aus der sozialistischen Regierung heraus und eroberte die Macht, bis schließlich die Großmacht USA die winzige Insel besetzte und jene Revolutionäre wieder verjagte. Wer ist nun die rechtmäßige Regierung, wie verhält sich in diesem Durcheinander die Königin im fernen London, die auf der tropischen Insel jenseits des Ozeans durch einen Generalgouverneur vertreten ist? Als reiner Repräsentant ohne eigene Machtgelüste muß Elisabeth den Rat ihrer Regierung einholen. Aber welcher? Der britischen eben nicht, denn hier ist sie als Elisabeth von Grenada gefragt gewesen, genau wie zwei Jahre später als Elisabeth der Fidji-Inseln. Die alte Regierung dort in der Südsee war durch Putschisten gestürzt worden, die neue durch diesen Putsch an die Macht gekommen.

Das alles ist nicht nach der feinen englischen Art, sind politische Szenarien, die nach den Spielregeln, wie sie sich aus dem Mittelalter entwickelt haben, überhaupt nicht vorgesehen sind. Militärrevolten, Diktaturen und Revolutionen sind durch das Ritual und die Traditionen von Westminster ja stets auf eine sanfte Weise abgepuffert und verhindert worden. Nur der unglückselige Charles I. vor knapp dreihundertundfünfzig Jahren verlor sein Haupt in einer Revolution. Zehn Jahre später tat es den aufmüpfigen Briten auch schon wieder leid, und sie legten sich erneut einen König zu. Noch heute zieht jedes Jahr am 30. Januar, dem Todestag des hingerichteten Königs, eine buntgekleidete Schar rund um den Trafalgar Square in London und demonstriert gegen Oliver Cromwell.

Und Elisabeth, die jedenfalls auf den Fidji-Inseln oder in Grenada nie die Zweite war, weil ja zu Zeiten der ersten Elisabeth, der Tochter Heinrichs VIII., all diese vielen Staaten noch nicht existierten, muß heute als Königin in den verschiedensten politischen Kulturen und jedesmal auf eine letztlich nicht erklärbare Art ein bunt getrenntes und dann doch wieder durch gemeinsame Riten wie den Tee und das Cricketspiel geeintes politisches Kunstwerk zusammenhalten, über dem die Sonne auch heute noch nicht untergegangen ist. Über allem schwebt schließlich dieser hohe Anspruch an die Monarchie, ohne Irrtum, ohne Fehler, ohne menschliche Schwächen zu sein. Eine Nation strebt im Namen der Krone nach dem Noblen, Gerechten und Perfekten. Jedes unrechte Handeln des Staates ist nicht im Auftrag der Königin geschehen. Denn die Königin kann nur zu korrektem Handeln autorisieren. Der Polizist, der in der Hitze eines nächtlichen Krawalls einen Fehler macht, eine falsche Bewegung, ein Wort zuviel, der hat ganz privat und auf eigenes Risiko gesündigt.

So ist die ganze königliche Familie offiziell und privat von den Schwächen der Menschheit abgehoben und dabei ständig von der Neugier der Journalisten verfolgt, die den simplen Nachweis führen wollen, daß dies eben nicht so sei. Das Königsein in Großbritannien ist ein Beruf von so offensichtlicher Unmöglichkeit, daß man den in diese Rolle Hineingeborenen eher Mitleid entgegenbringen sollte als Neid. Wer Tageslicht einläßt in die Magie und den Zauber logisch erklären will, der wird wohl alles nur zerstören.

Lords, Linke und Frustrierte

Sie taten sich nicht leicht, das Fernsehen in ihre historischen Hallen zu lassen. Begonnen hatte das Experiment mit dem House of Lords. Und es gab die strikte Auflage an die Fernsehleute, keine leeren Sessel zu zeigen und vor allem keinen Lord beim Schlafen während der Debatte.

Genau umgekehrt nun die Regieanweisung an das eigentliche Parlament, das laute, das leidenschaftliche, das manchmal schon richtig ungezogen brüllende, johlende House of Commons. Hier – wo sich die Lager gegenübersitzen – hat es Tradition, die Redner der anderen Seite aus dem Konzept zu bringen. Oft natürlich durch die Schärfe der Argumentation und oft einfach durch den Versuch der Hinterbänkler, den ehrenhaften Gentleman oder die ehrenhafte Lady der anderen Partei niederzuschreien. Im Unterhaus ist es lange Zeit ein bedeutsames Argument gegen den Einzug der Kameras gewesen, die Droge Fernsehen werde die Lauten und Radikalen in beiden politischen Lagern nur dazu ermuntern, sich noch viel wilder zu gebärden, das vom Spektakel lebende Medium werde nicht die geistige Auseinandersetzung fördern und mit dem Licht der Öffentlichkeit belohnen, sondern das politische Rabaukentum. Zwei Beispiele für zwei politische Karrieren.

Es geschah am 2. Februar 1985, als The Right Honorable Lords, die tugendhaften, ehrenwerten Mitglieder des Oberhauses, nach einem guten Mittagessen wieder in die Hallen von Westminster schritten, um sich stilvoll mit politischen Fragen zu beschäftigen. An diesem Tag sollte das Fernsehen zum erstenmal eine Feier übertragen, die seit dem Mittelalter nur wenige je miterlebten: Wie ein neuer Lord ins Oberhaus einzieht. Es war der Tag, an dem aus dem Elektriker und Gewerkschaftsführer Frank Chapple der Lord Chapple of Hoxton wurde.

Alles begann, wie an jedem Tag, mit dem feierlichen Einzug des Lord-Kanzlers, des Vorsitzenden dieser zweiten Kammer. Voran die Träger der Keule, des mit Juwelen geschmückten Amtsstabs, Symbol der Wehrhaftigkeit gegen alle Feinde des Königreichs. Es gehört zu den Besonderheiten dieses Parlaments, das in der Politik so sehr viel nicht mehr zu bestimmen hat, daß es die Erben jahrhundertealter Titel mit jenen unter einem Dach vereint, die sich die Würde selbst erwarben. Die Mischung ist zumindest originell. Das House of Lords vereint Bischöfe und Künstler, ehemalige Premierminister, Playboys aus reicher Familie und Lords wie Frank Chapple, den Elektriker.

»Elisabeth II. von Gottes Gnaden, Königin und Verteidigerin des Glaubens übersendet Ihre Grüße Ihrem getreuen Ritter Frank Chapple aus Hoxton im Großraum London«, verlas ein würdiger Abgesandter der Königin. Die Monarchin erteile dem neuen Ritter nun den Befehl, in Zukunft unter Verzicht jeglicher Ausreden an den Beratungen des Oberhauses teilzunehmen. Und schließlich versicherte der neue Lord feierlich, er wolle – im Rahmen der Gesetze – Ihrer Majestät, Ihren Nachfolgern und Erben in Treue ergeben sein.

Der Höhepunkt des feierlichen Akts: Der neue Lord und

seine zwei Bürgen zogen ritterlich den Hut, der Lord-Kanzler – auf einem Wollsack thronend – erwiderte die Grüße huldvoll mit dem Dreispitz. Historisch hat das einen tiefen Sinn, nur weiß man nicht mehr präzise, welchen.

Wir haben den neuen Lord mit der Kamera nach Hoxton im Londoner East-End begleitet. Dort ist er geboren und vertritt diese Gegend jetzt im vornehmen Oberhaus. Neben der Apotheke hatte Franks Vater einen Schuhmacherladen, über dem Laden war die Wohnung. Der Vater betrieb eine Maschine, die Sohlen und Absätze polierte. Wer über dieser Maschine groß wurde, entwickelte automatisch eine laute Stimme. Was für eine spätere Laufbahn als Gewerkschafter ganz nützlich war.

Für alle Entwicklungen im Leben Frank Chapples gibt es hier in Hoxton eine Erklärung. Der Vater hielt nicht viel von Politik, doch sein Onkel, der Gemüsehändler in der Mintern Street, war Sozialist. Frank trat der Jugendgruppe der Labour-Partei bei, die dann aber Ärger mit ihrem Vorstand bekam und aufgelöst wurde. Er wechselte zur Liga Junger Kommunisten, verließ die Schule vor dem Abschluß, wurde mit fünfzehn Elektrikergehilfe, ohne den Beruf je richtig zu erlernen. Sein Großvater hatte ihm den Rat gegeben: Werde Elektriker, Frank, Elektrizität hat Zukunft!

Seine ersten Jahre im Beruf waren von Begeisterung und Mißerfolgen geprägt. Es war damals üblich, die Jüngsten zum Shop Steward, zum Gewerkschaftsfunktionär, zu wählen. Denn die Funktionäre wurden damals von den Arbeitgebern als erste gefeuert, sobald sie sich auch nur bemerkbar machten. Frank mit der lauten Stimme blieb nie lange an einer Stelle.

Als Kommunisten, so erinnert er sich, seien sie damals wirklich verdammt rot gewesen, »bloody minded reds«. Sie übernahmen die Elektrikergewerkschaft, fälschten Wahlzettel; im Dienste der Partei und der Revolution war ihnen alles recht. Sie streikten, nur um zu streiken. Für die Arbeiter kam nicht viel dabei heraus. Und irgendwann in den späten fünfziger Jahren war aus einem »bloody minded red« ein ebenso fanatischer Antikommunist geworden. 1959 brachten Chapple und andere Bekehrte ihre eigene Gewerkschaft vor Gericht. Er sagte aus, wie er selbst als Kommunist geholfen habe, Vorstandswahlen zu manipulieren. Das Gericht setzte den gesamten Vorstand der Elektriker und Klempner, der sechstgrößten britischen Gewerkschaft, ab. Es gab Neuwahlen, und Chapples Gruppe siegte. Eine große Schar von Linken auf dem britischen Gewerkschaftsflügel – nicht nur der Kommunisten – hat es ihm nie vergeben. Den Rest seines Lebens wurde Frank Chapple für sie zum Verräter der Arbeiterklasse.

Später nannte sich Frank Chapple »aggressiver Demokrat« und führte seine Gewerkschaft zwanzig Jahre lang – so meinen seine Gegner – wie ein König. Er habe, sagte er später stolz, aus den Elektrikern und Klempnern eine Gewerkschaft der Zukunft gemacht. Hart gegen die Arbeitgeber, wenn es um mehr Geld ging, hart gegen Aktivisten in den eigenen Reihen, wenn sie etwas anderes im Kopf hatten als der einfache Elektriker und Klempner. In der Skala vergleichbarer Berufe liegt seine Gewerkschaft heute sehr weit oben, politisch liegt sie zu den übrigen britischen Gewerkschaften quer.

Es war eine äußerst britische Karriere. In seiner Jugend begann Frank Chapple als Kommunist, im Alter wurde er ein Lord. Es hat schon viele Versuche gegeben, das Oberhaus endlich abzuschaffen. Das Oberhaus hat sie alle überlebt. Man hat es als teuerstes Altersheim der Welt beschimpft, als Museum, als Gespensterparlament. Für jeden guten

Sozialisten ist die plüschige Kammer ideologisch überhaupt nicht zu verbuchen. Und doch hat dieses völlig verstaubte Haus alle Revolutionen souverän abgeschmettert und so manchen seiner Kritiker schließlich in sich aufgesogen.

Ob Ken Livingstone zum Beispiel, der rote Ken, eines Tages mal den Hut vor dem Lord-Kanzler auf dem Wollsack ziehen wird, ist heute reine Spekulation. Als er noch so etwas wie der Bürgermeister von London war, da hatte er als guter Sozialist schon einmal ein ähnliches, ein ideologisch-protokollarisches Problem. Zur Eröffnung des Stauwerks in der Themse-Mündung stand der Besuch der Königin auf dem Programm. Als Bürgermeister hatte er sie zu begrüßen, sich zu verbeugen. Natürlich haben ihm die Genossen des linken Flügels gute Ratschläge gegeben, wie sich ein wahrer Sozialist im Anblick einer Monarchin zu verhalten habe. Aber dann hat ihm auch seine Mutter ernsthaft ins Gewissen geredet. Und seine Mutter war hinterher mit ihm zufrieden.

Der rote Ken ist erst in seinen frühen vierziger Jahren, und dennoch lohnt sich eine Rückschau auf seine Karriere bereits. Was genau der »Greater London Council« eigentlich war, ist nach Festlands-europäischen Maßstäben schwer zu beschreiben. Die einfachste Formel wäre, ihn den Stadtrat von London zu nennen. Das aber steht im Widerspruch zu den vielen anderen Stadtparlamenten und Bezirksbürgermeistern, die die Hauptstadt schon immer nebeneinander beherbergte. Der Greater London Council aber koordinierte diesen Wildwuchs von Souveränität auf einigen wichtigen Gebieten. So war er zuständig für Busse und U-Bahnen, die Feuerwehr und die Müllabfuhr, für die Förderung kultureller Projekte und für Fragen der Wohlfahrt. Ken Livingstone vom linken Flügel der Labour-Partei war sein

Führer. Es war nur logisch, ihn Bürgermeister von London zu nennen.

Ins Amt gekommen ist er 1981. Nicht, daß die Londoner ausdrücklich ihn zum Bürgermeister gewählt hätten. Spitzenkandidat der Labour-Partei ist eigentlich ein anderer gewesen. Aber gleich nach Labours Sieg hatten die Komitees der linken Flügel noch einmal getagt, und es stellte sich heraus, daß der Wille des Volkes Ken Livingstone war. Fünf Jahre lang hat er das Amt ausgeübt, und es war für London eine erregende Zeit.

Eine offene Kriegserklärung an Margaret Thatcher ist es zum Beispiel gewesen, als der Londoner Rat, dessen Gebäude gleich gegenüber vom britischen Parlament auf der anderen Seite der Themse lag, monatlich die aktuelle Zahl der Londoner Arbeitslosen vom Dach des Hauses ans andere Ufer meldete. Nicht etwa, daß die Zahlen nicht stimmten. Die Tatsache allein, daß eine so wenig schmeichelhafte Statistik überhaupt von einem öffentlichen Gebäude strahlte, störte die Konservativen sehr. Im übrigen wurde London zu einer atomwaffenfreien Zone erklärt, was eigentlich die Realitäten des Lebens korrekt wiedergab. Wer lagert seine Atomraketen schon in der Hauptstadt? Aber den Konservativen mißfiel eigentlich alles, was Ken Livingstone tat. Es wurden, wenn auch mit mäßigen Summen, ein paar soziale Gruppen gefördert, die dem bürgerlichen Geschmack nicht nahe waren: Graffiti-Arbeitsgruppen, Gemeinschaftszentren für Lesbierinnen, die Organisation »Babies gegen die Bombe«. Die Konservativen fingen an, über den Sinn beziehungsweise über die Geldverschwendung regionaler Parlamente nachzudenken.

Die Londoner waren über ihren Bürgermeister nicht ganz so erzürnt. Denn der rote Ken, der selbst kein Dienstauto fuhr, sondern morgens mit der U-Bahn zur Arbeit kam, senkte die Preise für Busse und Bahnen im Londoner Bereich. Die Konservativen dagegen strebten nach marktgerechten Preisen. Die durchschnittliche Londoner Familie versprach sich davon nichts Gutes. Nur jene Gemeinden murrten über den roten Ken, die selbst keinen Anschluß an das U-Bahnnetz hatten und über die steigende lokale Steuer die Fahrten anderer subventionieren mußten.

Livingstone tauchte viel im lokalen Fernsehen auf, nicht nur in den politischen Sendungen, auch in Talkshows und bei fröhlichem Unsinn aller Art. Er war gar nicht so, wie man sich einen griesgrämigen Linken vorstellt, sondern von verschmitztem Humor. Nur dann und wann stand in der Zeitung, er habe Margaret Thatcher mit Mussolini verglichen, habe die britischen Soldaten in Nordirland Kolonialmacht genannt.

Aus dem persönlichen Leben des Bürgermeisters war nicht sehr viel bekannt. Er war ohne Vater aufgewachsen, Laborant in einem Krankenhaus gewesen, bevor er die Politik entdeckte. In seinem kleinen Apartment hat er einen riesigen Snooker-Tisch (die englische Version von Billard). Als Haustiere hält er sich Eidechsen. Sein eigentliches Hobby aber ist, nach einem arbeitsreichen Tag in der Politik abends noch irgendwelche Parteiversammlungen zu besuchen.

Ist Ken Livingstone schon ein Mann mit politischem Instinkt, so hat er in seiner Lieblingsgegnerin doch seinen Meister gefunden. Margaret Thatcher hat sich nicht viel damit aufgehalten, über den roten Ken zu wettern. Sie hat einfach den ganzen Greater London Council abgeschafft. Mit ihrer sicheren Mehrheit im Parlament hat sie die kommunalen Aufgaben dieser Organisation an die Distrikte darunter übertragen und den gesamten Rat des Großraums London einfach geschlossen. Einer von denen, die ihren Job verloren, war eben auch der aufsässige Bürgermeister. Und da sie gerade dabei war, fegte die Eiserne Lady gleich die übergeordneten kommunalen Parlamente der übrigen britischen Ballungsräume mit von der Landkarte. Wie der Zufall es so will: Sie waren ohnehin alle von Linken kontrolliert gewesen.

Man lernt schon in der Schule, daß Frankreich ein zentral regiertes, ganz auf Paris hin orientiertes Staatswesen sei. Doch gemessen an Großbritannien ist der Staat der Franzosen ein Exzeß an regionaler Selbständigkeit. Parlamente und Regierungen wie bei uns die Bundesländer hat es im Königreich schon vor Margaret Thatcher nicht gegeben. Seit nun aber auch die großen Städte wie Manchester oder London ihre Großraum-Körperschaften verloren, sind das Parlament und die Regierung im Londoner Stadtteil Whitehall mit so viel zentraler Machtfülle ausgestattet, wie sie nicht Bonn, Paris, nicht Washington und wahrscheinlich nicht einmal Moskau haben.

Der rote Ken verlor seinen Bürgermeisterposten 1986, doch ein Jahr später war er schon wieder politisch versorgt. Seit Juni 1987 vertritt er den linken Londoner Wahlkreis Brent-East im Parlament, von seinem früheren Arbeitsplatz nur durch eine Themsebrücke getrennt. Nun sitzt er auch näher an Margaret Thatcher. Sein besonderes Anliegen ist immer noch Nordirland. Einmal, als in der unruhigen britischen Provinz junge Iren starben, die im Verdacht standen, in Terroraktionen verwickelt gewesen zu sein, nannte er Ihrer Majestät Generalstaatsanwalt einen Mordgehilfen. Der Sprecher des Hohen Hauses ließ den aufmüpfigen Abgeordneten durch den mit dem Degen bewaffneten »Sergeant at Arms« aus dem Saal führen. Daheim im linken Wahlkreis nahm man die Rede des roten Ken natürlich begeistert auf.

Welche Regeln, welchen Geschmack soll also das britische Fernsehen entwickeln bei Zwischenfällen dieser Art? Andere Länder und andere Fernsehsysteme haben diese Frage lösen können. Margaret Thatcher hat ihre Fraktion in jeder Beziehung fester am Zügel als Neil Kinnock, der Führer der Opposition. Hin und her gerissen, ob nun ein radikaler oder ein gesitteter Kurs der richtige sei, wird Labour wohl noch auf absehbare Zeit die Kräfte mehr nach innen richten. Und es wachsen immer neue Generationen von ungeduldigen Sozialisten heran, die der eigenen Parteiführung mehr Kopfschmerzen bereiten als der Eisernen Lady.

Noch ein Wort über eine dritte politische Kraft, deren beste Tage wohl auch schon vorüber sind. Es müsse doch so etwas geben wie eine Partei des gesunden Menschenverstandes, hatten sich die Architekten der sogenannten »Allianz« einmal erträumt. Es müsse eine politische Gruppierung sein, die auf eine behutsame, eine reformerische, eine vertrauenerweckende Weise links von Margaret Thatcher sei. Nur ohne Flügelkämpfe wie bei den Sozialisten, ohne Haß und ohne Fehden zwischen »Verrätern an der Arbeiterklasse« und »übergeschnappten linken Spinnern«. Natürlich dürfe diese politische Gruppe auch nicht so herzlos sein wie die Partei der Kapitalisten, nicht raffgierig und nur am Geld orientiert. Kurz: Es sollte eine Partei oder politische Gruppe sein, die nur Vorzüge hat und keine Fehler! Eine Allianz nicht von Politikern, sondern von richtigen Menschen. Der Anspruch ist sicher zu hoch gewesen.

Am Ende haben sie sich dann doch zerstritten, wie sie es an den anderen immer bemäkelt haben. Die lockere Ehe zwischen der einst sehr bedeutsamen und seit den zwanziger Jahren zur Minderheit geschrumpften Liberalen Partei und einigen rechts vom Sozialismus abgesplitterten ehemaligen Labour-Leuten scheiterte nach drei enttäuschenden Wahlen. Sie hatten immer erheblich mehr Stimmen gewonnen, als sich das in den Mandaten niederschlug. Das brachte das britische Mehrheitswahlrecht so mit sich, das Wahlkreis für Wahlkreis nur den Sieger belohnt und keinen Ausgleich für achtbare Zweite und Dritte kennt. Aber in diesem Punkt waren sich Konservative und sämtliche Flügel der Labour-Partei einig: Keine Wahlrechtsreformen, keine Verhältniswahl! Sie wollten klare Sieger und klare Verlierer, keine schwankenden Koalitionen wie auf dem europäischen Festland.

Die Allianz hat sich schließlich daran zerfleischt, ob sich die zwei Parteien zu einer Partei zusammenschließen sollten oder nicht. Die meisten waren letztlich dafür. Als es geschah, war es schon ein Streit, an dem die Nation nicht mehr leidenschaftlich Anteil nahm. Politiker waren sich in die Haare geraten und außerdem auch noch Verlierer.

Das verlockende Argument der Allianz in ihren besseren Zeiten war immer der Hinweis gewesen, daß der nie endende Kampf zwischen Links und Rechts in der britischen Politik auf die Dauer nichts anderes als ein politischer Stillstand sei. Die einen verlieren irgendwann die Macht, und die anderen machen sich daran, alles zurückzuschrauben, was die vorher taten. Und dann verlieren wieder jene die Regierungsgewalt, und alles geht von vorne los. Diese Sorgen hat Margaret Thatcher auf ihre resolute Art zerstreut. Sie siegte einfach ein ums andere Mal, und das Problem mit dem Machtwechsel ist bei dem jetzigen Zustand der Konkurrenz eine ziemlich theoretische Sorge.

Ein karibischer Traum im britischen Regen

Handsworth, ein Stadtteil in Birmingham. Das Erstaunliche, für Besucher völlig Unbegreifliche ist, daß er so britisch normal aussieht. In der Lozell Road, der Einkaufsstraße jener Gegend, ist die Zahl der indischen Händler wohl etwas größer als in anderen britischen Straßen, die Kundschaft ein buntes Gemisch von weißen und schwarzen Gesichtern. Hin und wieder begegnet einem ein junger Schwarzer mit der geflochtenen Frisur und der exotisch bunten Kleidung eines Rastafarian. Das Wetter in Birmingham paßt so gar nicht zu dieser exotischen Pracht. Aber sonst: Rund um die Einkaufsstraße kleine, propere Eigenheime, rote Telefonhäuschen und Briefkästen mit dem schmucken Wappen Ihrer Majestät. Ein paar Straßen weiter ein helles Gemeindezentrum, dreistöckige Wohnblocks, etwas menschenleer und kalt die Pracht der Moderne.

Es war 1985, an einem Tag im Oktober, da geschah es zum zweitenmal: Handsworth war im Bürgerkrieg. Schwarze und weiße Jugendliche, so stand es im Polizeibericht, hatten sich an einem Abend im Herbst zusammengerottet und fingen einfach an, die Lozell Road anzuzünden. In irgendeiner Garage hatten sie Molotowcocktails gemixt und waren dann von Haus zu Haus gezogen, hatten die Brandsätze gegen Türen und Fenster geworfen: Einige der jungen Leute müssen in ihrem Rausch sogar die eigenen, die Wohnungen ihrer Eltern in Brand gesetzt haben. Am folgenden Morgen, so schrieben die Zeitungen, sah die Lozell Road aus wie nach einem »Blitzangriff« der deutschen Luftwaffe im Zweiten Weltkrieg. Zwei indische Kaufleute waren in den Wohnungen über ihren Geschäften verbrannt. Die Feuerwehr hatte keine Chance, noch irgend etwas zu retten oder zu mildern. Die Jugendlichen hatten die anrückenden Löschzüge mit Steinen empfangen.

Warum ein solches Inferno? Und warum gerade hier? Der Innenminister wurde in seinem Jaguar in die Lozell Road chauffiert, Politiker aller Parteien erschienen in den Ruinen und gaben vor den Fernsehkameras ihre Ratlosigkeit zu Protokoll. Der Besuch des Ministers aus London hatte nur zur Folge, daß die Krawalle am Nachmittag, der auf die Brandnacht folgte, erneut mit großer Heftigkeit entfacht wurden. Diesmal waren es vor allem schwarze Jugendliche, die wie ein feindliches Heer die Polizei umkreisten und dann mit Steinen nach dem Minister warfen. Mit Blaulicht wurde der hohe Gast hastig wieder aus Handsworth geleitet, während die Krawalle in diesem unruhigen Stadtteil in eine zweite Runde gingen.

Dem Kamerateam von ITN wurde das Auto angezündet, das Team der ARD bezog Prügel. Mit Fäusten und Füßen schlugen und traten sie auf uns ein. Christian, unser Kameramann, wurde von einem Stein am Kopf getroffen. Wie gut, daß im Gemeindezentrum gleich der Notarzt war. Dave, ein freier Tonmann, hatte ein blaues Auge davongetragen. Den Korrespondenten hatte man kräftig in die Rippen getreten, am Kopf hatte er eine Beule so groß wie ein Hühnerei. Eine deutsche Versicherungsgesellschaft schließlich zahlte den Totalschaden für eine elektronische Kamera.

Einige der jungen Leute, die auf uns herumgetrampelt waren, hatten wir kurz zuvor interviewt.

Für den knappen englischen Ausdruck »riot« gibt es im Deutschen eine Vielzahl von Übersetzungen: Aufruhr, Zusammenrottung, Landfriedensbruch, Krawall. Letztlich ist es etwas, das in einer zivilisierten Gesellschaft eigentlich nicht mehr passieren dürfte: der Zusammenbruch aller Formen im menschlichen Miteinander, im sozialen Leben der Kurzschluß.

Vor Jahren war so etwas in Handsworth schon einmal passiert, und auch damals war es wie aus heiterem Himmel gekommen. Eine Woche zuvor hatte die Gemeinde noch einen karibischen Karneval gefeiert, fröhliches Toben aller Hautfarben und Altersklassen, die Polizei hatte alle Augen zugedrückt, keine Zwischenfälle. Ein großer Teil der Bevölkerung ist von den sonnigen Inseln vor der Küste Südamerikas nach England ausgewandert: aus Jamaika, Trinidad, Barbados, von Santa Lucia, den Turk- und Caicos-Inseln, all den vielen kleinen Paradiesen unserer Phantasie: weißer Strand, türkisblaues Meer, Reggae und Calypso. Doch für die, die dort leben, hat das Paradies seine herben Schönheitsfehler, die Armut vor allem, das Fehlen von Arbeitsplätzen.

Irgendwann früh in den fünfziger Jahren, als die Welt nach dem großen Krieg einen neuen Anfang suchte, gab es in Europa viel zu tun. Und irgend jemand im Herzland eines sich langsam entflechtenden Empires hatte die Idee, wie man den Mangel an Busschaffnern in London beheben und all die anderen offenen Stellen besetzen könnte, die von den Briten keiner so recht wollte. Aus den Wochenschauen jener Zeit geht hervor, daß Großbritannien damals seine Gastarbeiter mit Begeisterung empfing. Die Kolonien, die der zentralen Macht schon im Weltkrieg zur Seite gestanden hatten, halfen nun sogar beim Aufbau in Europa. In jenen Wochenschaubeiträgen der fünfziger Jahre war die Rede vom Mutterland, das seine erwachsen werdenden Kinder in aller Welt zu Hilfe ruft.

Sie hatten natürlich das Schiff nach Großbritannien nur bestiegen, um in kurzer Zeit Geld zu verdienen für den Aufbau einer Existenz auf den sonnigen Inseln daheim. Und doch sind die meisten in England geblieben. Sie waren auch gar nicht unglücklich dabei, die Zuwanderer der ersten Stunde. Sie arbeiteten hart, sie haben es zu etwas gebracht, ob Inder, die nach Bradford zogen oder sich im Londoner Stadtteil Southhall konzentrierten, ob Afrokariben, die sich kleine Häuschen in London-Brixton kauften oder Wohnungen bezogen in Liverpool-Toxteth oder eben in Handsworth in Birmingham.

Sam King aus Southwark, der als erster aus der Gruppe der »Caribbeans« Bürgermeister eines Londoner Stadtteils wurde, zählte uns einmal stolz vor der Kamera des Deutschen Fernsehens die Tugenden und Werte der schwarzen Nachkriegsgeneration auf. Er stand in einem alten, holzgetäfelten Saal. John, der weiße Diener des Bürgermeisters, hatte ihm seine Amtskette umgehängt, und der Brite aus der Karibik pries einem deutschen Publikum geradezu preußische Werte: Einsatzfreude und harte Arbeit, Pünktlichkeit und Disziplin, Respekt vor sich selbst und der eigenen Leistung.

Irgend etwas im Aufbau eines neuen Großbritannien ist schon im nächsten Jahrzehnt nicht nach Plan verlaufen. Der wirtschaftliche Aufschwung geriet ins Stocken, und eine enttäuschte britische Arbeitnehmerschaft forderte von den Zugewanderten aus der Karibik, von den Briten aus Indien und Pakistan die Arbeitsplätze zurück. Nicht eigentlich von den schwarzen und braunen Mitbürgern der ersten Einwanderergeneration, aber doch von deren Kindern, über deren große Zahl die Zeitungen erste kritische Betrachtungen zu drucken begannen. Dies traf vor allem die Inder, denn man hatte plötzlich festgestellt, daß in einem Zeitraum von zehn oder fünfzehn Jahren die Zeitungs- und Lebensmittelläden ganzer englischer Straßenzüge in indischen Besitz übergegangen waren. Sie waren Familienbetriebe geworden, sie waren auf einmal in völlig unbritischer Geschäftigkeit von morgens sieben bis Mitternacht geöffnet. Die alten englischen Ladeninhaber hatten es aufgegeben, mit einer solchen Arbeitswut noch konkurrieren zu wollen. Eine Nation der »Shopkeeper«, wie Napoleon seine Erzfeinde, die Briten einst abfällig nannte, hatte ihre Shops an braunhäutige Einwanderer verscherbelt.

Einigen, wenn auch der Zahl nach immer nur wenigen, vom alten britischen Stamm, fiel es ein, eine »Nationale Front« zu gründen, um sich die lästigen Zuwanderer wieder vom Hals zu schaffen. Vor allem in den siebziger Jahren gab es eine Zeitlang heftige Krawalle, die durch die üblichen Glaubenskriege zwischen Links und Rechts noch weiter geschürt wurden. Die Bobbies, die britischen Polizisten, standen damals hilflos in der Mitte und versuchten, die feindlichen Heere auseinander zu halten. Von beiden Seiten prasselten ihnen die Steine auf den Helm.

Bei den jungen Leuten aus karibischen Familien hat das Bewußtwerden ihrer besonderen Situation in jenem fremden Land, in dem sie geboren wurden, zu einer Krise ihrer Identität als Briten geführt. Waren sie denn Engländer oder Schotten, nur weil sie in Birmingham oder Glasgow geboren wurden? Oder waren sie nur durch Zufall hierher verschlagen und Jamaikaner im Herzen? Zu den Klängen des Reggae auf den regennassen, kühlen Straßen britischer Städte gesellte sich der Kult einer eigenen, fast gesungenen karibischen Sprache. Sie war natürlich englisch, doch die Worte lösten sich von jedem englischen Klang. Wo die Eltern noch versucht hatten, entweder das Cockney- oder den vornehmen Ton des Oxford-Englisch zu kopieren, begannen vor allem die Söhne in merkwürdigen Reimen zu reden. Für britische Ohren klingt dieses karibische Englisch wie eine fremde Sprache, und das ist wohl auch die besondere Absicht.

Viele der Älteren von den »West Indies« stehen diesem Trend des Sich-Fortträumens aus dem britischen Alltag noch skeptischer gegenüber als die Schotten, Waliser und Angelsachsen. Vor allem, weil die Sehnsucht ihrer Söhne nach einer neuen Identität sich mit einem Kult von Drogen zu mischen begann. Sam King, der schwarze Brite und Kommunalpolitiker in London, drückte das so aus: »Die phantasieren nur von einem neuen Leben in Jamaika. Diese jungen Leute von den Straßen in London oder Liverpool haben aber die Heimat ihrer Vorfahren nie gesehen. Falls doch, dann sind sie mal als Touristen in der Karibik gewesen. Wenn sie wirklich auf sich selbst gestellt wieder zurückkehrten in die Heimat meiner Väter, sie könnten nicht einmal eine Kokosnuß von der Palme schlagen, geschweige denn auf den Inseln jenseits des Atlantiks etwas Sinnvolles tun. Das Paradies von Reggae und Haschisch gibt es nicht.«

Aber auch der britische Alltag ist für diese hin und her gerissene Generation nicht mehr leicht. Alle Statistiken zeigen, daß die Minoritäten karibischer Herkunft in allen sozialen Vergleichen einen unteren Platz einnehmen. Am Horizont zeichnet sich für ihre Zukunft nichts Hoffnungsvolles ab. Und so kommt es in immer denselben Stadtteilen in London, Liverpool oder Birmingham von Zeit zu Zeit zu Krawallen. Sie brechen aus wie trügerisch ruhige, unter ständigem Druck stehende Vulkane. Wenn aber dann wieder einmal das Feuer an die Oberfläche schießt, ist es jedesmal schwer zu erklären, warum gerade jetzt und warum gerade dort. In der Polizei sehen die jungen Leute die Repräsentanten und Söldner einer sie unterdrückenden Macht. Da können auch psychologische Programme des »neighbourhood policing« die unruhigen Kräfte nicht permanent unter Kontrolle halten.

Brixton und Tottenham in London, Toxteth in Liverpool, Birmingham-Handsworth: Plötzlich bricht es hier los. Eine Woche später: ratlose Politiker, lange Berichte und Leitartikel in allen Gazetten, Sondersendungen im Fernsehen, mal eine Untersuchungskommission und dann wieder keine. Und danach ist es ein, zwei Jahre ruhig. Auch dafür weiß keiner eine Antwort. In Handsworth, in der Lozell Road, war es nicht nur der Haß von Schwarz gegen Weiß, der sich in einer Feuersbrunst entlud. Eher waren es weiße und schwarze Jugendliche gemeinsam gegen die wohlhabende Kaufmannsgemeinde der britischen Inder.

Als 1985 die Unruhen in Birmingham entflammten, war kurz zuvor die örtliche Polizeimannschaft in Brixton in London zum jährlichen Cricketspiel gegen die karibische Gemeinde angetreten. Die schwarzen Bürger hatten für einen freundlich-festlichen Rahmen gesorgt, ein schwarzer Ratsherr warf den ersten Ball, nach dem Spiel hatten sich die Jugendlichen von Brixton übermütig die Helme der Polizisten über den Kopf gestülpt. Fröhlich posierten Ordnungshüter und schwarze Jugendliche zum Gruppenfoto. Ein halbes Jahr später flogen auch in Brixton wieder die Steine. Die Konflikte eines ehemaligen Weltreiches, die Nachgefechte einer Herrenzeit werden heute auf der eigenen Insel ausgetragen.

Die armen reichen Deutschen

Es ist eines der ständig wiederkehrenden Rituale im deutschen Journalismus, bei besonderen Ereignissen und politischen Bedeutsamkeiten daheim die Reaktion im Ausland abzurufen. Die Methode ist manchmal etwas zweifelhaft, weil sie voraussetzt, daß »das Ausland« – wer immer das in den einzelnen Ländern auch sein mag – überhaupt davon Notiz genommen hat, was da in Bonn oder sonstwo in deutschen Landen geschah. Unverkennbar aber ist eine noble Gesinnung in den Redaktionen von Zeitungen, Hörfunk- und Fernsehsendern, die eigene Politik nicht als etwas Isoliertes, Abgeschlossenes zu betrachten, sondern als einen Teil in einem größeren, sich wechselseitig beeinflussenden Gefüge.

Besonders eindrucksvoll ist dieses artige Ritual gelungen, als deutsche Hörfunksender aus Anlaß des Rücktritts von Willy Brandt als Bundeskanzler im Jahre 1974 reihum ihre Korrespondenten in aller Welt anriefen, ganz gleich wie spät es nun in Tokio, in Rio oder in Melbourne in Australien gerade war. Irgendwann zwischen drei und fünf Uhr in der Früh klingelte Deutschland auch den Mann in New York aus dem Bett, um die Bestürzung in Amerika abzurufen. Denn bestürzt waren sie damals alle, in Bonn genauso wie in der Äußeren Mongolei oder in den Hauptstädten Afrikas.

Um den Verlauf des Gesprächs zwischen dem Moderator in Deutschland und dem Korrespondenten in Amerika mit mehr Gewinn nachzuempfinden, muß man sich klarwerden über den technischen Ablauf solcher Sendungen, darüber, daß Moderatoren und ihre Zulieferer von überall her sich meistens noch kurz über die Fragen und den geplanten Verlauf ihres Gesprächs verständigen, bevor sie dann innerlich Haltung annehmen und mit ausgefeilten Formulierungen »auf Sendung gehen«. Die Zuhörer erholen sich in den Pausen bei Musik.

Also, die Stimme in der Heimat fragte: »Rücktritt Willy Brandt, wie reagiert Amerika?«

Antwort des Korrespondenten: »Schwer zu sagen, hier schlafen noch alle!«

Darauf wieder Deutschland: »Na ja, aber irgendeine Reaktion wird es doch wohl geben, Willy Brandt ist schließlich nicht irgendwer ... Friedensnobelpreisträger, international respektiert!«

New York, ungerührt, aber erkennbar noch etwas verschlafen: »Sie wissen doch, wie die Amis sind, in erster Linie interessieren sie sich nun einmal für sich selbst.«

Nun mit milder Panik in der Stimme wieder der Moderator: »Herr Kollege, wir sind doch schon auf Sendung!«

Pause.

Dann die Stimme aus New York, nunmehr hellwach und überzeugend: »Mit Bestürzung und ernster Besorgnis vernahm das politische Amerika die Nachricht vom Rücktritt Willy Brandts ...«

Den Briten wäre so etwas nicht passiert. Zunächst einmal, weil die Reaktion des Auslands auf ein Ereignis, das ganz offensichtlich britisch ist, nur in Ausnahmefällen als dringende Ergänzung des Informationsstandes angesehen wird. Was an einer Angelegenheit gut ist oder schlecht, besorgniserregend oder vielversprechend, das schöpft der Insulaner mühelos aus der eigenen Seele, voller Vertrauen auf die eigene Urteilskraft. Wozu der bange Umweg über den Beifall oder die Besorgnis der anderen? Aus diesem In-sich-Ruhen heraus haben dann auch BBC und die private Konkurrenz von ITN alle Versuchungen, in Rom, Paris oder gar in Bonn einen Fernsehkorrespondenten zu postieren, jedesmal schnell und klar abgeschmettert. Die einleuchtende Begründung ist immer, so etwas koste zuviel. Unberücksichtigt bleibt dabei, daß die BBC mit einem Mitarbeiterstab, der über dreißigtausend liegt, die Gesamtzahl der Beschäftigten in diesem Bereich in vergleichbar großen Ländern übertrifft.

Auch die Rundfunk- und Fernsehgebühren sind höher als zum Beispiel bei uns. Es ist also nicht in erster Linie eine Frage der Sparsamkeit, sondern eine Frage der Gewichtung. Die Sparsamkeit in der Auslandsberichterstattung besagt etwas über die Bedeutung von Paris und Bonn aus britischer Sicht.

In den Fernsehnachrichten und in den Nachrichten des Hörfunks tauchen daher auch die Politiker der Festlandseuropäer, mit denen man wirtschaftlich und militärisch verbündet ist, so gut wie überhaupt nicht auf. Für Sendungen wie den »Weltspiegel« oder das »Auslandsjournal« fehlt der britische Anreiz.

Als der deutsche Bundespräsident Richard von Weizsäkker zu Gast in Großbritannien war, hat das Deutsche Fernsehen zwei Sondersendungen und täglich Tagesschau- und Tagesthemenberichte gesendet. Die BBC brachte von demselben Ereignis an einem der Tage eine Zwanzig-Sekunden-

Meldung. Das war's. In angespannteren Tagen, beim ersten Staatsbesuch eines deutschen Staatsoberhaupts nur wenige Jahre nach dem Krieg, hat Theodor Heuss das Interesse der Briten an seiner Person auf eine besonders treffende Formel gebracht. Wie alle hohen Besucher, so wurde auch er in der Staatskarosse neben der jungen Königin vom Viktoria-Bahnhof zum Buckingham Palace gefahren, an der Straße hatten sich die Briten aufgereiht und gejubelt. Gefragt, wem denn seiner Meinung nach der Jubel gegolten habe, antwortete Bundespräsident Heuss: »Zu 75 Prozent der Königin, zu zwanzig Prozent den Pferden und möglicherweise zu fünf Prozent mir!«

In den Zeitungen ist das Interesse an Vorgängen in Frankreich, Italien und der Bundesrepublik etwas, aber nicht grundsätzlich größer. Als Helmut Kohl als Bundeskanzler wiedergewählt wurde, hatte eine deutsche Redaktion einmal mehr den Einfall, ein Meinungsbild des Auslands über ihn zusammenstellen zu lassen. Ich ging in die Redaktion der großen Tageszeitung »Guardian«. Der Chefredakteur meinte, dieser deutsche Politiker müsse ohne Zweifel Qualitäten haben, Standfestigkeit und andere Tugenden, die aus britischer Sicht bewundernswert, aber nicht gerade aufregend seien. Die meisten seiner Leser würden von dem Manne allerdings nur vage Vorstellungen haben. Im Archiv der Zeitung gab es unter dem Stichwort »Kohl« ein dünnes Mäpplein, in seinem Umfang so etwa ein Zehntel dessen, was jede mittlere deutsche Tageszeitung über Margaret Thatcher gedruckt und archiviert haben mag. Und der Bonner Korrespondent der Londoner »Times« wurde einmal von seinem Botschafter darauf angesprochen, daß die Zeitung sehr oft Ereignisse der deutschen Politik zwar registriere, aber zwei oder drei Tage nachdem dies schon in deutschen Zeitungen gestanden habe. Die Antwort seines Landsmanns war: »Ich schreibe meine Bonner Geschichten genauso schnell wie alle anderen Journalisten auch. Aber die Redaktion in London setzt sie ins Blatt, wenn gerade Platz dafür ist.«

So stellt sich dann die Frage, wie und nach welchen Gesichtspunkten sich eigentlich das Bild vom Deutschen auf den Britischen Inseln entwickelt und verändert hat. Das Erfreuliche und gleichzeitig Verblüffende ist, daß dieses Bild nach zwei Weltkriegen und bei einem Minimum an Information ausgesprochen positiv ist. Meinungsforschungsinstitute haben das herausgefunden, und die Recherchen des ARD-Korrespondenten auf die regelmäßig wiederkehrenden, besorgten Anfragen der Heimat haben nichts zutage gefördert, was dieses Wohlwollen ins Wanken bringen könnte.

Beim letztenmal, als ich mich mit dem Deutschland-Bild der Briten zu befassen hatte, stützte ich meine Nachforschungen im wesentlichen auf drei wissenschaftliche Quellen: Mori, Gallup und George. Die ersten beiden sind professionelle Unternehmen der Meinungsforschung, und »The George« ist ein Pub im Londoner Stadtteil Soho. Die besondere Autorität dieser Kneipe in Deutschland-Fragen stützt sich auf den Umstand, daß das Studio des Ersten Deutschen Fernsehens nur hundert Meter entfernt ist. Bei Fußballmeisterschaften, Tennisspielen und manchmal sogar bei Ereignissen der Politik tauchen – öfter als in anderen Londoner Kneipen – im »George« schon mal deutsche Aspekte auf. Besonders beliebt sind die Deutschen meistens dann gewesen, wenn sie mal irgendwo verloren hatten.

Einer der beständigsten Gäste im »George«, Anthony Milne, hat schon fünf Studioleiter des Deutschen Fernsehens erlebt und die entsprechende Zahl von Kameraleuten, Cuttern und Toningenieuren; nicht zu vergessen Heidi Döhl, die die Kasse verwaltet. Tony hat – zumindest in meinem Fall – die übliche deutsche Ungeduld in technisch-organisatorischen Fragen umgesetzt in die harmonischen Formen des britischen Alltags. Das konnte zum Beispiel so aussehen, daß eine Bildleitung zur »Tagesschau« nach Hamburg zehn Minuten vor der Sendung immer noch nicht geschaltet war und eine deutsche Stimme einem britischen Techniker am verstopften Ende des Drahts irgend etwas Aufgeregtes ins Telefon rief. Dies bewirkte dann prompt überhaupt nichts, schon gar nicht, wenn klar erkennbar war, daß die Deutschen garantiert alles rechtzeitig-korrekt gebucht und angemeldet hatten. Tonys Aufgabe bestand jetzt darin, zunächst die deutschen Kollegen ruhigzustellen und dann ganz entspannt und ohne jede Hektik mit seinem britischen Landsmann an den Hebeln der Kommunikation ein Gespräch in Gang zu bringen. Nicht über die Bildleitungen, nicht über Buchungsnummern oder Auftragsbestätigungen, sondern über Themen allgemeiner Art im menschlichen Bereich: den Urlaub, das Wetter, die Kinder, den üblichen Ärger daheim. Und ganz nebenher war dann meistens auch ein verlorenes Bildsignal nach Deutschland da.

Anthony Milne also, eine unbestrittene Kapazität in der Erforschung von Vor- und Nachteilen im deutschen Wesen, hat das Deutschland-Bild im Spiegel seiner Landsleute dahingehend zusammengefaßt, daß die von den Briten am meisten bewunderten Stärken im deutschen Charakter gleichzeitig die Ursachen für ihre unangenehmeren Seiten sind und daß gelegentliche Schwächen der Germanen ihnen im Urteil ihrer britischen Nachbarn überraschende, oft unverhoffte Sympathien einbringen.

So sind es dann seltsamerweise unsere politischen Pannen und Skandale, die – bei allem Naserümpfen über diese oder jene moralische Verfehlung – einem Bild vom langweiligen, militant korrekten Deutschen weichere Züge verleihen. Die Gelder des Herrn Flick kreuz und quer durch die deutsche Politik haben zum Beispiel an der Theke des »George« Reaktionen ausgelöst, die ich jeder ethisch sensiblen deutschen Redaktion einfach unterschlagen habe. Es waren – dem reifen Leser kann ich es ja verraten – selbst Anflüge von Bewunderung dabei: für einen Wandel im Charakter eines drögen Menschenschlags hin zum Talent auch für die saftige Korruption, wie sie sonst nur das britische Bild vom Italiener prägt.

Denn das übliche britische Klischee vom Germanen ist dies: tüchtig, korrekt, verläßlich, freundlich, aber besserwisserisch, ohne Humor. Umfragen jener Meinungsforscher von Mori und Gallup haben solche Thesen immer gestützt. Und auf die Frage: »Welches Land ist Großbritanniens bester Freund auf dem europäischen Festland?«, stehen die Gegner zweier großer Kriege vor Holland und Frankreich immer wieder auf Platz eins. Interessanterweise aber kam Gallup einmal in der Frage »Wenn Ihnen jemand einen Urlaub schenkt, wo möchten Sie ihn am liebsten verbringen?« zu einer anderen Reihenfolge: erster Platz Schweiz, dann mit größerem Abstand Frankreich, dann erst Deutschland.

Als das Institut Mori speziell junge Briten nach ihren Gefühlen gegenüber der Bundesrepublik befragte, sagten fast zwei Drittel: »freundlich«. Andererseits stellte sich heraus, daß drei von vier Befragten keine sehr genauen Vorstellungen vom Gegenstand der Befragung hatten, von unserer Politik, von dem Umstand, daß es unterschiedliche Deutschlands gibt. Bei fleißig und tüchtig bekamen die Deutschen hohe Werte, auch für demokratisch und gut erzogen. Als negativ wurde genannt: Nicht entspannt (not easy going), wenig Humor. Trotz aller wirtschaftlichen Erfolge schwang immer ein bißchen Mitleid mit den armen reichen Deutschen mit.

Ob irgend jemand und ob speziell das Fernsehen verläßlich Auskunft geben kann über die Seelenlage einer anderen Nation, muß sicher mit Skepsis beurteilt werden. Zwei Programmsparten im britisch-deutschen Vergleich haben in mir den Verdacht bestärkt, daß irgendwelche grundlegenden Unterschiede wohl doch nicht völlig auszuschließen sind und daß selbst Klischees schließlich irgendwodurch entstanden sein müssen.

In der Werbung und auf den Fernsehschirmen wird die Entschlossenheit der Angelsachsen besonders deutlich, nichts – schon gar nicht sich selbst – durch und durch ernst zu nehmen. Und wenn es auf der Welt ein kommerzielles Fernsehprogramm gibt, das dem menschlichen Gemüt durchaus zuträglich ist, das nicht zu laut, sondern fein abgestimmt auf sein Publikum einstrahlt, dann sind es die zwei privat betriebenen, aber öffentlich kontrollierten Kanäle des britischen Independent Television. Deren werbende Programmunterbrechung, die das ganze Unternehmen finanziert, ist weder marktschreierisch noch aufdringlich bieder; weder Scham und Schande der Hausfrau im Kampf mit den schmutzigen Rändern am Hemdkragen noch ein Schüren von Angst, die falsche Biersorte im Haus zu haben, wenn der Bürgermeister als Gast zum Jubiläum kommt. Da werden Affen als Teetrinker porträtiert, und irgend jemand erkennt sich in ihnen stolz und freudig wieder und kauft diesen Tee. Da wirbt ein musikverdröhnter Punk für »gute Butter«, und ein sowjetischer General übt die korrekte Aussprache einer englischen Sherry-Marke. Die Typen, die über dem Yorkshire Bitter im Pub ihre Familie vergessen, sind nach allen

Maßstäben bürgerlicher Tugend eher eine Anti-Reklame. Leute, die sich auskennen in den Verästelungen der britischen Seele, diagnostizieren hier sogar im Wirtschaftsleben eine gewisse Scheu, sich selbst zu loben. Und so flüchtet die Werbung ins skurrile Abenteuer, um mit typisch britischem Understatement ein Alibi zu haben, überhaupt über die eigenen Produkte zu reden.

Ein anderes Beispiel für die Genierlichkeit der Briten im Umgang mit dem eigenen Erfolg ist die oft mehr als nur respektlose Erinnerung an die eigenen Siege im Krieg, zum Beispiel gegen die Deutschen. Anders als die Helden in amerikanischen Film- und Fernsehepen, die vor Mut und edler Sinnesart aus allen Nähten platzen, reizt es die Briten immer wieder, dem Heroischen die komischen Seiten abzugewinnen. Ein strahlendes Beispiel des geradezu schokkierend Unseriösen war die Fernsehserie der BBC »'Allo, 'Allo ...«.

Als ich zum erstenmal in meinem Wohnzimmer in eine Folge dieses Spektakels hineingeriet, mußte ich in einer ernsten Konferenz mit meinem eigenen Gewissen erst einmal die Frage klären, ob es überhaupt statthaft sei, so etwas anzuschauen und auch noch darüber zu lachen. Denn mit albern ist das Szenarium des heiteren Spiels nur unzureichend beschrieben. Die erste Reaktion des verschüchterten Deutschen war denn auch »geschmacklos«, die zweite »saublöd«. Ein dritter Impuls allerdings drängte danach, trotz aller grundsätzlichen Bedenken lachen zu wollen. Und da schlich sich eben die deutsche Frage ein, ob man das darf.

Also, »'Allo, 'Allo ...« spielt im von den Deutschen besetzten Frankreich. Der Titel ist dem geheimen Funkverkehr des französischen Widerstands mit London nachempfunden, eben Englisch mit komischem französischem Akzent. René, die zentrale Figur, ist ein Feigling und ein Weiberheld, seiner Frau Edith gehört das Café, in dem Franzosen, englische Fallschirmspringer und deutsche Offiziere den Krieg verbringen. Die Deutschen spielen in dieser Serie eher sympathische Rollen. Sie sind nur blöd und korrupt. Das heißt, ein Herr Flick von der Gestapo im dunklen Ledermantel, der einen Onkel namens Heinrich Himmler hat, ist eigentlich ein arger Schurke. Wäre er bloß nicht so grenzenlos dumm. Die englischen Fallschirmspringer übertreffen ihn aber noch an Tollpatschigkeit, was schließlich die dritte Gruppe von Europäern in eine Rolle drängt, die wirklich schmerzhaft ist: die Franzosen.

Denn für die Franzosen muß die deutsche Besatzungszeit nach dem historischen Entwurf der Drehbuchschreiber eine quietschvergnügliche Epoche gewesen sein. Da wird wohl hin und wieder mal gefoltert, wozu Helga von der Gestapo aber schwarze Unterwäsche trägt. In allen Heuhaufen ist Leben. Aus der französischen Botschaft in London gab es denn auch heftige Proteste an die Adresse der BBC, Widerstandskämpfer schrieben den Herren des britischen Fernsehens, sie seien von der Gestapo gefoltert worden, so komisch sei dies eigentlich nicht gewesen. Aber was tun? Die Serie lag im Einschaltquotenspiegel sämtlicher Fernsehprogramme auf dem ersten Platz.

Die Autoren und Schauspieler des lästerlichen Spiels traten auch vor unsere Kamera, um in der Sendung »Rund um Big Ben« das Konzept oder was auch immer der Sendung zu erklären. Ihre britisch entwaffnende Argumentation war: Man könne die Übel von gestern doch erst dann wirklich überwinden, wenn man dem Greuel des Krieges jedes Pathos nehme. Irgendwie hatten sie wohl auch gehofft, durch so eine Art Geschmacksprobe das Deutsche Fernsehen an einer Übernahme, an einem Kauf der Klamotte zu interessieren. Einerseits waren sie enttäuscht über mein Argument, es werde wohl noch tausend Jahre dauern, bis so etwas wie »'Allo, 'Allo ...« über deutsche Schirme strahlen könne. Doch dann wiederum deckten sich meine ängstlichen Bedenken mit all den Klischees aus dem eigenen Drehbuch zu: Die Deutschen haben eben keinen Humor!

In der Politik zwischen beiden Ländern ist es dem Journalisten immer etwas schwergefallen, das aufzuspüren, was das Elixier der Zunft ausmacht: Konflikte. Gut, im Gemeinsamen Agrarmarkt der EG haben die hin und her schwankenden Germanen Frau Thatcher schon manches Mal enttäuscht, die gerne mal richtig aufräumen würde in den Silos der Eurokraten in Brüssel. Denn beide Länder sind ja die großen Beitragszahler für etwas, das aus der unromantischen Londoner Sicht wie ein Faß ohne Boden erscheint.

Eine gewisse Nervosität an der Themse war auch manchmal zu spüren, wenn im Verhältnis zwischen Bonn und Paris etwas zuviel Romantik und Pathos aufkam. In solchen Situationen ist dann schon so etwas wie Mißtrauen oder britische Eifersucht spürbar, der Wunsch jedenfalls, dem Deutsch-Französischen etwas Deutsch-Britisches entgegenzusetzen. Die Temperamente diesseits und jenseits des Kanals sind einem solchen Vorhaben nicht immer förderlich gewesen. Es war stets eine völkerkundlich interessante Studie, bei den regelmäßigen anglo-germanischen Gipfeltreffen einen deutschen Konservativen und eine britische Konservative nebeneinander zu erleben. Er nach jeder schlichten Frage eines Journalisten tief eintauchend in die traurige Geschichte dieses Kontinents Europa und dann abhebend in die fernen Horizonte europäischer Sehnsucht, sie kurz und schroff und jederzeit bereit, auf jeden einzudreschen, der nicht ihrer Meinung wäre.

Da wird auch regelmäßig die Erinnerung an Grenzpfähle und Schlagbäume neu belebt, die ein junger, in die Politik strebender Europäer einst in seiner Jugend mit heißem Herzen niederriß. Für die Europäerin, die ohne solche Emotionen auf einer Insel aufwuchs, ist der Schlagbaum nie ein so prägendes Symbol gewesen. Die Grenze auf allen Seiten ist einfach Wasser.

Getrennt durch die gemeinsame Sprache

Harold MacMillan hat sie einst mit der historischen Verflechtung zwischen Griechen und Römern verglichen, die »special relationship«, die besondere Beziehung der Briten zu ihren ehemaligen Kolonien, den USA. Die Briten wären in diesem Vergleich die Gereifteren, Schwächeren, diejenigen, die ihre große Zeit schon hinter sich haben und aufgegangen sind in einem neuen Weltsystem. Aber natürlich auch die, die den neuen Mächtigen mit ihrer Kultur auszuhelfen haben, so wie die Griechen es mit den phantasielos-starken Römern taten. Da ungefähr endet der Vergleich. Ach ja, da wäre noch das Problem mit der gemeinsamen Sprache, von der die Spötter sagen, daß sie die Briten und die Amerikaner mehr trennt, als daß sie sie verbindet.

Es war an einem schönen Sonnabendnachmittag am Tee- und Kaffeetresen des Londoner Hoflieferanten Fortnum & Mason. Der Mann auf dem Hocker neben mir war offensichtlich nicht glücklich. Mißmutig rührte er in seinem Kaffee, grummelte herum und begann schließlich laut mit seiner Tasse zu reden. Es stellte sich heraus, daß er ein Arzt aus Minneapolis war, ein Amerikaner, den es zu einem Kongreß nach London verschlagen hatte. Was ihm zu schaffen machte, erklärte er also zunächst seiner Kaffeetasse und dann mir in einer Lautstärke, die nur dadurch zu erklären, aber natürlich nicht zu verzeihen war, daß ihm daran lag, von jedermann in den vornehmen Hallen gehört zu werden: »The English, these people don't talk!«

Den ganzen Vormittag über war er schon darum bemüht gewesen, mit irgendeinem ins Gespräch zu kommen. Aber niemand in dem feinen Londoner Bezirk Mayfair wollte mit ihm reden. Alle hatten ihn höflich, aber kurz abgefertigt, ihm klargemacht, daß er ein aufdringlicher Fremder sei. Und so strafte er sie jetzt in dem Restaurant unter dem königlichen Wappen mit einer lautstarken Anklage an die ganze britische Nation. Natürlich hätte er sich das sparen können. Die Ladies und Gentlemen und die verblüfften Touristen, sie saßen alle ganz ungerührt vor ihren Sandwich-Tellerchen, unterhielten sich tapfer weiter oder schauten angestrengt gegen die Wand. Nicht einmal ein schadenfreudiges Lächeln konnte der laute Amerikaner der stilvollen Runde entlocken.

Ich gab ihm den Rat, in den nächsten Pub zu gehen. Nicht hier in Mayfair, in einen Pub in Soho oder an der King's Road in Chelsea. Dort stünden wackere Trinker mit dem Glas in der Hand und warteten geradezu darauf, mit dem nächsten, der reinkommt, Kernfragen des Lebens durchzusprechen. Die Tea-time in jenen feineren Häusern der Hauptstadt sei einfach kein Anlaß für neue Bekanntschaften, sondern die Arena für uraltes soziales Theater. Der Reiz sei die Emotionslosigkeit, die selbstverständliche Einhaltung von Regeln. Dabeisein, dazugehören, weiter nichts.

In Amerika gehen die Menschen überall aufeinander zu. Nicht immer, nicht auf jeden. Aber wie oft kann der Fremde es in Washington und erst recht in Arizona oder Texas erleben, daß ihm einer im Fahrstuhl begegnet, und zwischen dem Erdgeschoß und dem 10. Stock erzählt er ihm die Geschichte seines Lebens: »Hi, I'm John, I'm in computers ...«

Man kann sich ihrer Direktheit und ihrer Frische nicht entziehen. Klar, daß auch John, Dave oder Dick einen naturrechtlichen Anspruch darauf haben, alles von jedem zu erfahren, den er noch nicht kennt: Woher? Wohin? Beruf, besondere Probleme? Wie viele Kinder? Was man so verdient, ist auch immer ein interessantes amerikanisches Thema. Wahrscheinlich sogar der besondere amerikanische Maßstab, einen Menschen richtig einzuschätzen.

Nun gut, London, dieses besondere Pflaster. Warum sich immer nur über andere mokieren? Ich selbst habe mich ja auch in diesen Alltag hineingefügt, englische Gewohnheiten angenommen, auch jene, die mir eigentlich nicht so nachahmenswert erschienen. Die Manson Mews in South Kensington sind eine kleine Gasse winziger Häuschen hinter den alten Herrschaftsgebäuden der breiten Prachtstraße Queens Gate. Früher einmal sind die Mews Stallungen gewesen: unten der Schuppen für die Kutsche, oben wohnte das Gesinde. Heute sind die Engländer selbst in die alten Ställe gezogen und haben die Herrenhäuser von einst an die Ausländer vermietet. Es lebt sich in diesen Sträßchen wie in einem Dorf mitten in der Millionenstadt: Kopfsteinpflaster, die Gebirge der großen Häuser davor und dahinter schirmen den Lärm der Großstadt ab, jeder kann jedem in die Fenster schauen.

Wenn man sich trifft, dann redet man miteinander, meist über das Wetter, geradezu beschwörend sogar. Denn erstens ist das Wetter in England ein jedem auf der Seele lastendes Thema, und zweitens hat dieser Austausch feststehender, sich ständig wiederholender Gedanken den Charme der vornehmen Unverbindlichkeit. Einem anderen zuzurufen:

»Isn't it awful!«, oder etwas von ähnlicher Unbestreitbarkeit, zieht selbst unter Nachbarn sofort die Grenze des Eindringens in dessen private Sphäre, bekräftigt die wechselseitige Entschlossenheit, sich nicht in irgendwelche Anbiedereien zu verlieren. Natürlich haben wir auch manchmal über andere Dinge geredet, aber soweit ich mich erinnern kann, haben wir alle in jener Straße, die wir jahrelang Tür an Tür lebten, nie Themen aufgegriffen, bei denen nicht jede Seite sofort über alles problemlos einer Meinung war. Undenkbar, daß der eine den anderen gefragt hätte: »Was machen Sie eigentlich von Beruf?« oder: »Wann fahren Sie denn in Urlaub?« Alles Komplizierte galt uns von vornherein als indiskret.

Die Häuschen hatten natürlich auch keine Namensschilder, und eines Tages wurde mir auf eine erschreckende Weise klar, wie wenig ich selbst, der ich ja eigentlich von der Neugier und von Informationen lebe, über die Menschen links und rechts meiner Haustür wußte. Es klingelte; jemand wollte meinen Nachbarn zur Rechten dringend sprechen, dort war niemand zu Hause. Ob ich seine Telefonnummer wüßte, wurde ich gefragt, privat und möglicherweise auch die im Büro. Zwei Jahre hatte die Familie schon neben mir gelebt, täglich freundlich gegrüßt, täglich war sie mit mir einer Meinung über das Wetter, und auf einmal wurde mir klar, ich wußte nicht einmal ihren Namen!

Als ich wieder nach Amerika zog, hat zwei Tage nach dem Einzug eine ältere Dame bei uns geklingelt. Sie habe gehört, wir seien neu: »Hello, I am Francis!« Am Sonntag habe sie ein paar Gäste, ganz nette Leute allesamt, ein Anwalt, ein Psychiater, sie selbst habe in der Regierung von Präsident Carter gearbeitet. Wäre doch nett, wenn Ute und ich auch kommen könnten: »By the way, what's your name, wie heißen Sie eigentlich?«

Auch im beruflichen Alltag des Journalisten sind jene zwei durch dieselbe Sprache getrennten Länder von ziemlich unterschiedlicher Kultur. Als ich schon wieder in Washington war, habe ich mit Vergnügen in einer Zeitung gelesen, daß das Innenministerium in London sich mit dem Gedanken trage, den »Official Secrets Act« aus dem Jahre 1911 in einigen Passagen zu modernisieren. In einem geradezu sensationellen Anfall von Selbstkritik soll der Minister die Maßnahme damit begründet haben, daß es im Regierungsbezirk von Whitehall an der Themse zum Ende dieses Jahrhunderts immer noch üblich sei, selbst die Frage nach dem Teeverbrauch in der Kantine irgendeiner Behörde mit dem Hinweis auf eine gesetzliche Geheimhaltungspflicht abzuschmettern.

Es war ja nicht so, daß der Journalist in London nie etwas erfuhr. Die zahlreichen Kräfte der Demokratie, die sich bekämpfenden Strömungen der Politik, sie sorgten schon dafür, daß täglich etwas in den Zeitungen stand und die Fernseh- und Hörfunkwellen bewegte. Und doch war der Dienstweg der Information immer etwas topfig.

So etwas wie ein Recht der Presse oder der Öffentlichkeit auf Auskunft gibt es nicht, allenfalls diesen berühmten Secrets Act. Der Pressesekretär der Premierministerin versammelt täglich um zehn Uhr eine ausgewählte Schar von Journalisten um sich, um nur mal so mit ihnen über politische Fragen zu plaudern. Welch schockierender Gedanke, hier eine Kamera aufzubauen oder ein Mikrofon. Die ganze Veranstaltung hat einen inoffiziellen Charakter, jederzeit kann von der Regierung behauptet werden, sie hätte gar nicht stattgefunden.

Was der Herr Pressesekretär den Journalisten zusteckt, ist so etwas wie eine halbamtliche Indiskretion. Der Sekretär darf nicht zitiert werden, sein Name wird als Quelle nicht erwähnt. Der sogenannte »Lobby-Korrespondent« ist darauf angewiesen, die Worte des Pressesprechers mit vagen Formulierungen als eigene Erkenntnisse wiederzugeben, etwa: »The Primeminister is angered by the fact ...« Die Premierministerin kann derartige Gefühle dann später immer dementieren. Ihr Pressesprecher hat offiziell nie etwas gesagt, der Journalist kann auch geträumt haben.

Vor den Auslandskorrespondenten tritt der Mann aus der Downing Street einmal in der Woche auf. Und auch hier ist der Sinn des Rituals eher, die Berichterstattung im Sinne der Regierung zu prägen, als daß die Regierung eine tiefgehende Verpflichtung spürt, die Öffentlichkeit darüber auf dem laufenden zu halten, was im Zentrum der Macht alles vor sich geht.

Besonders eindrucksvoll ist mir das britische Informationssystem noch aus den Tagen des Falkland-Krieges in Erinnerung. Der Sprecher im Presseraum des Verteidigungsministeriums gab mit nervenaufreibend langsamer Stimme vor allem das bekannt, was die Moral in der Heimat stärkte. Auf den Fluren wurden uns Journalisten dafür vertrauliche Informationen zugesteckt, die sich hinterher meistens als falsch herausstellten. So hieß es zum Beispiel, man dürfe sich die Landung britischer Truppen zum Gegenschlag gegen die eingedrungenen Argentinier nicht so vorstellen wie weiland im Zweiten Weltkrieg die dramatische Landung in der Normandie. Durch ein Engerziehen des Rings um die Argentinier solle allerdings der diplomatische Druck verstärkt werden, um die argentinischen Truppen endlich zum Abzug zu zwingen. Diese vertrauliche Information kreiste in London noch durch die Flure, als die Briten schon längst – wie damals in der Normandie – gelandet waren.

Wie anders dagegen Amerika! Es gibt kritische Stimmen, die nicht ohne eine gewisse Überzeugungskraft behaupten, die Amerikaner hätten den Krieg in Vietnam unter anderem deshalb verloren, weil sie der Presse zu viele Informationen gegeben hätten, weil das Militär zu offen im Umgang mit den Journalisten gewesen sei. So prägend dieser Krieg und diese Niederlage für die Seele der Großmacht waren, die Freiheit der Information, das Recht der Nation, so gut es irgend geht, über alles informiert zu werden, sind im amerikanischen Selbstverständnis doch der höhere Wert. Besonders radikal ist diese Offenheit im Umgang mit Leuten, die sich um ein Amt in der Politik bewerben. Ihre Steuererklärungen und ihr Familienleben, das eheliche und jede Versuchung darüber hinaus, werden in einem Maße die Angelegenheit der Allgemeinheit, wie dies kein zweites Land der Welt nachvollziehen kann. Manchmal haben die Amerikaner selbst den Eindruck, daß sie es mit ihrer und der Journalisten Neugier ein bißchen übertreiben. Aber aus dieser Einsicht wurden noch nie irgendwelche Konsequenzen gezogen.

Wie immer offen oder parteipolitisch-verschwörerisch die Verhältnisse in Bonn, in Paris oder Rom sein mögen: In der Liga der westlichen Demokratien sind die ehemaligen Kolonien in Amerika und die ehemalige Kolonialmacht noch immer extreme Pole. Es scheint, als hätte irgendwann im 17. oder 18. Jahrhundert die Spaltung der Temperamente stattgefunden. Diejenigen, die die Karten des Lebens noch einmal neu mischen wollten, zogen in die Neue Welt, die mit der tiefsitzenden Sehnsucht nach dem Festen und Vertrauten im Leben blieben auf der Insel. Ein paar verwirrende Elemente hat allerdings auch dieses grobe Raster.

Manchmal hatte ich eben doch meine ernsten Zweifel, ob das Land der Offenheit und Neugier, ob Amerika im Verhältnis der beiden Pole wirklich der einzige Fackelträger der

Freiheit sei. Wahrscheinlich gibt es selbst Freiheit in mehreren Versionen.

Die größere Chance für alle, die Möglichkeit, durch finanziellen Erfolg – auf welchem Gebiet auch immer – eine Schneise quer durch alle sozialen Klassen zu schlagen, die größere Faszination von Technik und neuen Impulsen, vom Computer und allem, was praktisch und billig erscheint, dies alles macht es dem einzelnen doch nicht leicht, im breiten, reißenden Strom des amerikanischen Lebens sein eigenes, privates Tempo zu schwimmen.

Wenn Amerika zum Beispiel erkennt, daß Rauchen nicht gut ist für die menschliche Gesundheit, rollt eine Lawine der patriotischen Vernunft durch das Land, die den letzten Raucher in ziemlich kurzer Zeit zum Fremden, Kranken, ja Unamerikaner stempeln kann. Das Land, das in seiner Tradition der Freiheit von seinen Bürgern nie verlangt, daß sie einen Ausweis bei sich tragen, hat inzwischen den total zusammengeschalteten Computern die Kontrolle über ein immer strikter genormtes soziales Verhalten seiner Bürger überlassen. Jede automatische Ladenkasse wird in nicht allzuferner Zeit das Diagramm eines jeden vor ihr stehenden menschlichen Wesens nachzeichnen und überprüfen können: Führerschein, Sozialversicherungsnummer, Kreditkarten, Arbeitgeber, finanzielle Unregelmäßigkeiten ja oder nein. Der Trend zum systemgeprüften Menschen ist in den USA unverkennbar.

Da bietet dieses halb moderne, halb verstaubte, klassensteife britische Leben mehr Ecken und Winkel, in denen jeder Geschmack seinen Seelenfrieden finden kann. Vernunft prügelt nicht auf den Eigenbrötler ein, der sein ganzes Haus und sein ganzes Leben rund um eine alte Kinoorgel baut. Respekt findet auch der, der auf einem völlig abseits liegenden Gebiet mit Inbrunst am Nutzlosen und logisch Unmöglichen forscht, mitmenschliche Liebe strömt auch dem Verlierer zu. Vielleicht, ja sehr wahrscheinlich sogar, hat die Sendung »Rund um Big Ben« mit zu großer Faszination auf die skurrilen Typen gestarrt, auf einen singenden Lord und seine politische Partei, auf den Erfinder von heizbarer Unterwäsche für den Motorradfahrer, den Weltmeister in der sportlichen Disziplin, sich kratz- und beißwütige Frettchen in die Hose zu stecken. Die Reaktion schon meiner eigenen Kollegen aus unserem kleinen Studio in Soho zeigte den britischen Maßstab an. Wo sonst noch in der Welt wird man mit leuchtenden Augen und einer fast ehrfurchtsvollen Bewunderung von einem Zeitgenossen sagen hören: »This character is completely mad, der Typ ist total verrückt!«

So mag es diesseits und jenseits des Ozeans verschiedene Konzepte vom Ziel des Lebens geben, die Briten und Amerikaner trennen. Und doch ist auch die Palette der Gemeinsamkeiten nicht zu unterschätzen. Es ist ja nicht weiter verwunderlich, daß ein amerikanischer Wirtschaftskonzern, daß auch jedes Fernseh-Network der USA das Zentrum der europäischen Operationen nach London verlegt. Alle um sie herum sprechen dieselbe Sprache, wenn auch nicht jedes Wort in beiden Kulturen einen identischen Inhalt hat. Die Vorstellung, eine fremde Sprache lernen zu müssen, ist Briten wie Amerikanern gleichermaßen grauenvoll. Ein deutscher Politiker, der nicht englisch spricht, wird von englischen wie amerikanischen Journalisten immer als etwas Exotisches betrachtet.

Spräche ein britischer Premierminister oder der Präsident der USA deutsch, es wäre im Urteil der eigenen Nation ein bißchen pervers. So ist es auch nur logisch, daß ein amerikanischer Präsident den wirklich fragenden, zweifelnden Austausch von Gedanken zuallererst in seiner eigenen Sprache sucht. Britische Premierminister beider politischer Lager –

Labour und Konservative – haben das immer etwas heikle Verhältnis zur dominierenden Macht mit größerer Selbstachtung ertragen können, weil es ja dieses »besondere Verhältnis« gab, das die Briten am Ende doch etwas hervorhob gegenüber allen anderen Staaten in der zweiten Reihe.

Nicht immer stimmten die Ansichten in Washington und London überein. Die größte Enttäuschung hat wohl Sir Anthony Eden erlebt, als die beiden alternden Kolonialmächte Frankreich und Großbritannien noch einmal in die Rolle des Weltpolizisten schlüpfen wollten und im Herbst 1956 den Suezkanal in Ägypten militärisch besetzten. Die Aktion scheiterte nicht zuletzt daran, daß Washington der Strafexpedition gegen die eigenwillige Politik Nassers seinen Segen verweigerte. Seitdem sind die Amerikaner auf westlicher Seite die Hüter auch dieses Konflikts im Nahen Osten. Für die Betroffenen in der Region hat sich dadurch nichts spürbar verbessert.

Selbst ihre eigene Atomstreitmacht haben die Briten nach dem Krieg auf amerikanische Trägersysteme umgestellt. Regierungen beider politischer Lager haben an dieser Umrüstung mitgewirkt, und so mancher Labour-Premierminister hat sich in den internen Flügelkämpfen seiner Partei den Weg nach oben durch Kritik an den USA erkämpft, um dann in der Downing Street die gewohnt gute Kooperation mit der jeweiligen Regierung in Washington fortzusetzen.

Margaret Thatcher und Ronald Reagan schließlich haben das Besondere der anglo-amerikanischen Beziehungen um eine neue, persönliche Dimension bereichert. In den ersten Jahren der Reaganschen Präsidentschaft muß es ein stolzes Gefühl für die britische Premierministerin gewesen sein, die Seelenverwandtschaft mit dem mächtigsten Manne im westlichen Lager zu entdecken und zu pflegen. Doch mit den

Jahren, so schrieben auch amerikanische Kommentatoren, habe sich diese Beziehung so entwickelt, daß mehr und mehr sie das Wort führte und er ihr Zuhörer war.

Als Margaret Thatcher acht Jahre und 241 Tage im Amt war und damit jeden anderen britischen Premier dieses Jahrhunderts überrundete, wurde sie von der »Washington Post« zur »Frau des Jahres« gewählt. Dieser Titel schließt selbstverständlich auch den Vorrang vor den Männern des politischen Jahrgangs 1988 ein. An Ausdauer und Erfahrung hat die Lady im westlichen Lager inzwischen jeden geschlagen.

Ronald Reagan hat einmal dem britischen Fernsehen verraten, er habe in seinen letzten Amtsjahren recht häufig in London angerufen. Oft sei dies ohne besonderen Anlaß geschehen. Der Mann aus dem Weißen Haus in Washington klingelte einfach in der Downing Street in London an, um sich mit der Lady über den Zustand der Welt auszutauschen. Zweimal hat sie ihm auch in Krisen beigestanden, als andere die Hilfe verweigerten.

Da war zunächst der Einmarsch auf einer kleinen karibischen Insel, Grenada, die eigentlich britisches, nicht amerikanisches Einflußgebiet war. Ob die Aktion ein gigantischer Triumph für die Weltmacht war, darüber kann man streiten. Als aber linke Putschisten eine linke Regierung auf Grenada stürzten und die Amerikaner dies zum Anlaß nahmen, Luftlandetruppen einzufliegen und die kubanischen Berater dort nach Hause zu schicken, haben sie eindeutig die Souveränität einer grenadischen Königin verletzt, die gleichzeitig Königin von Großbritannien ist. Unter nicht so untereinander abgestimmten Regierungen wäre eine solche Eigenmacht ein feindseliger Akt gewesen.

Und schließlich gab es noch jene Strafexpedition gegen den Libyer Gaddafi, die nach den Regeln des Völkerrechts nicht weniger umstritten war als die Landung der Briten 1956 am Suezkanal. Hatten die USA damals aus moralischen Bedenken die Briten allein gelassen in ihrem Abenteuer, gestattete nunmehr Margaret Thatcher den amerikanischen Piloten den Start von britischen Flugplätzen zum Bombenflug gegen Tripolis. Die Franzosen hatten den Amerikanern das Überfliegen ihres Territoriums verboten. Gaddafi selbst war dem Bombardement entgangen, das ohne Zweifel seiner Person gegolten hatte. Was immer dieser schillernde arabische Revolutionär weltweit an terroristischen Aktionen unterstützt: jene, die damals den Amerikanern die Rechtfertigung war, sein Land zu bombardieren – ein Attentat auf eine von amerikanischen Soldaten gern besuchte Bar in Berlin –, ist wohl nicht sein Werk gewesen. Doch weder Ronald Reagan noch Margaret Thatcher haben im nachhinein über diesen Punkt irgendwelche reuigen Gedanken verloren.

Als er nicht mehr wiedergewählt werden konnte, weil die amerikanische Verfassung dem Mann an der Spitze der Nation höchstens acht Jahre in diesem Amt gestattet, haben die Wähler im verschneiten Bundesstaat New Hampshire noch eine seltsame Randnotiz für seine Nachfolge zu Protokoll gegeben. New Hampshire ist in dem langandauernden Ausleseprozeß auf der Suche nach einem amerikanischen Präsidenten eine der ersten Stationen, und nach Ronald Reagan war das Feld der Bewerber zunächst ziemlich unsortiert. Im Februar 1988 bei der Vorwahl in New Hampshire waren die Talente der Demokraten noch weithin unbekannt, und auf der republikanischen Seite kämpften George Bush und der republikanische Fraktionsführer im Senat, Bob Dole, gegeneinander. Beide Namen hatten die Wähler wohl schon gehört, und doch fiel ihnen die Entscheidung nicht leicht. Bush hatte zwar als Vizepräsident und in anderen öffentlichen Ämtern Erfahrung sammeln können, doch gemessen an Ronald Reagan vermißten die Amerikaner irgend etwas an ihm. Bei den ersten Wählertests zuvor in Iowa war Bush steif und hölzern durch den Schnee gestapft.

Da trat das Londoner Meinungsforschungsinstitut Mori im Auftrag der »Times« mit einem unseriösen Alternativangebot an die Wähler von New Hampshire heran. Peter Jenkins, Leitartikler der Zeitung »Independent«, fand die Idee sogar regelrecht albern. Aber: Irgend etwas Nachdenkenswertes sei auch daran nicht zu leugnen. Also, man hatte auf die Liste der amerikanischen Präsidentschaftskandidaten – nur mal so als Gedankenspielerei – auch Margaret Thatchers Namen gesetzt. Und siehe da, mit zwanzig Prozent lag die Politikerin aus London vor all den eigenen amerikanischen Talenten. Dies sei, so druckte es auch die »New York Times« den britischen Zeitungen nach, der wohl bekannteste Name der Politik seit Winston Churchill.

Selbst Michail Gorbatschow, die Nummer eins im anderen Lager, fühlt sich zu dieser resoluten Frau besonders hingezogen. Schon bevor er überhaupt Generalsekretär wurde, besuchte er die Dame in London. Den Namen »Eiserne Lady« hatte ihr sein Vorgänger im Moskauer Kreml verpaßt. Mit den Sowjets war sie stets rauh umgesprungen. Und doch hatte die von ihr attackierte Großmacht ihr so manche Derbheit verziehen, die sie anderen Staaten der Mittelklasse kaum hätte durchgehen lassen. Die Lady wies ganze Busladungen voll sowjetischer Diplomaten aus, ihre Reaktionen auf irgendwelche versöhnlichen Angebote aus Moskau waren meist voller Mißtrauen und Mahnung zur Vorsicht. Aufforderungen, in den ost-westlichen Abrüstungsdialog auch die französischen und britischen Atomwaffen einzubeziehen, hat sie stets rundweg abgelehnt. Wann immer die Sowjets etwas Feindseliges gegen West-Europa planten, es werde ihr Risiko beträchtlich erhöhen, wenn sie nicht nur die amerikanische Vergeltung einkalkulieren müßten, sondern sich stets zusätzlich die bange Frage stellen: Wie nimmt man das in London auf? Und wie in Paris?

Das wäre dann wohl auch der besondere Beitrag der Briten zur Weltpolitik, daß sie die klare Trennung der Welt in zwei Teile stets einer skeptischen Prüfung unterziehen. Ob in der EG, in der NATO oder im Ost-West-Verhältnis: ganz pragmatisch, oft auch rüde und ohne Rücksicht auf die üblichen Nettigkeiten der Diplomatie wird von der Regierung in London – nicht nur unter Frau Thatcher – die Frage immer noch einmal gesondert geprüft, ob sich die allgemeinen Ideale auch mit den britischen Interessen decken. Die noble Sehnsucht anderer Europäer, aufkommende Konflikte zu vertagen oder mit wohlklingenden Formulierungen zu überdecken, läßt die Briten manchmal als Störenfriede erscheinen. Oft stellt sich aber heraus, daß die anderen über festgefahrene Konflikte genauso denken wie die Briten. Sie trauen sich nur nicht, es klar zu Protokoll zu geben.

Ist dies nun britisch oder ist es Margaret Thatchers besonderer Charme? Wahrscheinlich hat das letztere ersteres nur verstärkt. Als Michail Gorbatschow im Dezember 1987 nach Washington flog, um mit dem amerikanischen Präsidenten einen Abrüstungsvertrag von historischer Dimension zu unterzeichnen, machte die Maschine aus Moskau einen Zwischenstopp in London. Er wird dort die Lady gewiß nicht um Rat gefragt haben, was aus Moskauer Sicht zu tun und zu lassen sei. Auch Ronald Reagan wird die Prophetin des Kapitalismus kaum um Rat angerufen haben, weil seine eigene Philosophie am Ende war. Aber sie dürfte im Gedankenaustausch zwischen Ost und West für beide

Seiten so eine Art Sparringspartnerin sein, an deren Hausfrauen-Instinkt sich politische Trends und Konzepte testen lassen.

Gorbatschow hat bei jener kurzen Zwischenlandung auf dem Flug von Moskau nach Washington die britische Hauptstadt nicht mit leeren Händen verlassen. Frau Thatcher gab ihm eine jener praktischen Uhren mit auf den Weg, die jedem, der international Geschäfte macht, auf mehreren Zifferblättern die Zeit an verschiedenen Orten der Welt angeben. Die Uhr für den sowjetischen Besucher hat drei Zifferblätter. Zwei kleinere mögen ihm über seinem Schreibtisch im Kreml die Uhrzeit daheim und die Differenz zu Washington anzeigen. Das größere Zifferblatt in der Mitte macht ihm dann immer klar, wie spät es gerade in London ist.

Für Ronald Reagan nahm die Begeisterung für diese resolute Frau in den letzten Monaten seiner Amtszeit geradezu exzessive Formen an. Auf dem Rückflug von jenem Gipfeltreffen in Moskau, der ersten Reise seines Lebens in die Sowjetunion, stoppte auch er selbstverständlich erst in London, schaute bei der Königin zum Tee vorbei und bei Margaret Thatcher zur Berichterstattung über ein weltpolitisch großes Ereignis.

In der Londoner Guild Hall schließlich hielt er eine Laudatio auf die Premierministerin der Briten, als sei sie es gewesen, die letztlich den Abrüstungsdialog zwischen Ost und West und die Reformen in der Sowjetunion zustande brachte: »Die Erfolge der Gipfeltreffen mit Generalsekretär Gorbatschow in Moskau, Genf und Washington sagen viel über Ihre Tapferkeit und die Stärke des britischen Volkes aus. Frau Premierministerin, in dieser historischen Stunde salutiert die ganze Welt Ihnen und Ihrem heldenhaft-galanten Volk!«

Wieso? Die Welt hatte doch Reagan und Gorbatschow Arm in Arm gesehen. Frau Thatcher aber war dem Zauberkünstler der Politik wohl die Galionsfigur der Standfestigkeit im eigenen Lager gewesen, das Bollwerk gegen Selbstzweifel und Schwächlichkeit im Glauben an die Freiheit. Vielleicht hatte diese Überschwenglichkeit auch mit dem Wechsel der Macht daheim in den USA zu tun. Es stand zu diesem Zeitpunkt ja nicht fest, ob nun der Vizepräsident und Parteifreund des scheidenden Präsidenten das Rennen machen würde oder Michael Dukakis, der Demokrat. Auf jeden Fall waren sie beide so völlig andere Temperamente als er, der Held einer konservativen Revolution.

War es nun Zufall, oder hatte Amerika seine Reserven an Begeisterungsfähigkeit, an Visionen und Revolutionen unter Ronald Reagan erschöpft? Beide, die nun um Reagans Nachfolge miteinander rangen, der Demokrat wie der Republikaner, waren vergleichsweise nüchterne, unaufregende Kandidaten, eher Manager als Revolutionäre und ihrer ganzen politischen Laufbahn nach das, was Ronald Reagan stets bekämpft, geschmäht und verachtet hatte: öffentlicher Dienst. Fast schien es in jener Gildenhalle in London, als habe ein von der Bühne abtretender Held die geistige Führung der westlichen Welt in die Obhut einer Nicht-Amerikanerin gegeben.

Ein Robinson Crusoe der Politik

Ein Problem von uns Journalisten ist es, daß wir viel zuviele Leute interviewen, deren Antworten wir eigentlich schon kennen. Dieselben Gedanken werden jahrzehntelang auf einem starren Markt der Medien hin und her geschoben. Neue Gedanken haben keine starke Lobby, viel zu wenige kommen zu Wort, die uns wirklich etwas Originelles zu sagen haben.

Auch Großbritannien hat zum Ende dieses Jahrhunderts keine grundsätzlich neuen Ideen hervorgebracht, so dringend die Welt solche auch gebrauchen könnte. Wenn alle Nationen nach den strengen Geboten des Thatcherismus mehr arbeiten und härter konkurrieren: Wer soll denn das alles kaufen? Verhilft es der Menschheit zur Glückseligkeit?

Produziert wird im westlichen Lager eher zuviel. Und was die Politiker ratlos macht, ist nicht, daß zu wenig gearbeitet wird, schon eher, daß es nicht genug Arbeit gibt, um alle damit zu versorgen.

Einen, der an der Begabung der Menschheit zum Glücklichsein verzweifelte, haben wir auf einer einsamen Insel aufgespürt. Also, da Großbritannien schon eine Insel ist: Er war auf einer Insel vor der Insel Ihrer Majestät. Dorthin hatte er sich in seiner Enttäuschung über die Welt zurückgezogen, in der Enttäuschung vor allem über die Politik.

Robin Pitt ist der Fraktionsführer der Konservativen im Londoner Bezirk Lambeth gewesen. Er war Unternehmer, Familienvater, Schöffe und im Kirchenvorstand. Eines Tages war er verschwunden. Er sei, so hieß es in Kreisen der Londoner Politik, auf eine Insel vor der schottischen Küste gezogen, auf eine der Hebriden, deren Zahl mit fünfhundertundfünfzig angegeben wird. Nur vierundsechzig davon sind bewohnt, doch soviel stand fest: Auf einer der bewohnten Inseln war der verschwundene Parteifreund Margaret Thatchers nicht gesichtet worden. Es war die totale Einsamkeit, die er suchte.

Natürlich hat uns dieser Robin Pitt interessiert. Wo immer er auch sein mochte, warum auch immer er weggelaufen war, er schien der ideale Typ für die eh etwas unkalkulierbare Sendung »Rund um Big Ben«. Etwa ein halbes Jahr hat mein Kollege Robert Green aus dem Londoner Studio gebraucht, um eine heiße Spur des Verschollenen zu finden. Natürlich hat Robert in dieser Zeit auch etwas anderes getan. Aber immer zwischen den üblichen politischen Geschichten haben wir uns alle an dem Gedanken erwärmt, da sitze nun jemand auf einem einsamen Felsen im Meer, um genau von dieser sozialen Bedeutsamkeit nichts mehr hören und nichts mehr sehen zu müssen.

Wie so oft bei Geschichten, die das Leben schreibt, steckte auch hier eine Frau dahinter. Nicht seine Ehefrau, eine andere, jüngere, die er mitnahm auf den Weg ins neue Leben. Sie soll, so hieß es, ganze sechs Wochen mit ihm in der Einsamkeit geblieben sein. Dann war der Zauber für sie verflogen, und Robin Pitt war mit seiner Revolution auf der Insel allein. Robert Green ist in Lambeth herumgezogen und hat mit Journalisten und Leuten aus der Politik gesprochen: mit Leuten, die wiederum Leute kennen, die irgendeine Vermutung oder einen Hinweis haben konnten über diesen Mann, der aus der Politik verschwand.

Eines Tages kam plötzlich ein Herr in mein Büro, blauer, gestreifter Anzug, und sagte: »Ich höre, Sie suchen mich. Mein Name ist Robin Pitt!«

Also auch er zurückgekehrt, schon wieder eine gescheiterte britische Revolution! Es war eine arge Enttäuschung, den Helden unserer politischen Phantasien in einem Büro in London zu sehen. Aber siehe da, es stellte sich heraus, daß er seine Insel im rauhen Atlantik nur für ein paar Wochen verlassen hatte, um in London einige Dinge zu regeln, in einem Restaurant als Aushilfskellner zu arbeiten, um sich von dem Geld zwei Ziegen anzuschaffen, und dann wieder auf die Insel zu fahren! Während er Urlaub nahm von der Einsamkeit, hatte Robin Pitt von alten Freunden gehört, daß irgendwelche komischen Deutschen mit seltsamer Beharrlichkeit auf seiner Spur seien. Es war, als er uns in Soho besuchte, natürlich auch eine Frau an seiner Seite. Aber das ist wieder eine andere Geschichte.

Vier Wochen später, im lausig kalten Januar, sind wir vom kleinen Städtchen Oban an der schottischen Westküste aus mit Dave Rockleys Katamaran in den Atlantik gesegelt. Kurs: Robins Eiland jenseits der Zivilisation. Am Tag davor hatte es in Schottland gestürmt und geschneit, das Wetter war so abschreckend und ungemütlich, daß meine wärmsten Erinnerungen ein Pub im Hafen von Oban sind und eine Whiskysorte, die den seltsamen Namen trug: »As we get it«. Der Aufkleber informierte die verehrte Kundschaft, daß die kleine Brennerei von Tag zu Tag einen Whisky von unterschiedlicher Stärke brannte und dem in seinen Prozenten schwankenden Getränk den Namen gab: »Wie es gerade wird«. Wir hatten durchs Fenster in den Schneesturm geschaut und auf das Wohl eines Robinson Crusoe getrunken, der nicht schiffbrüchig geworden war, sondern freiwillig auf die einsame Insel zog, nicht in der Südsee, sondern in dieser rauhen Gegend der Welt.

Am nächsten Morgen sehr früh war die See pechschwarz und der Himmel plötzlich sternenklar. Wo sich beides traf, erahnte man das Ufer und die schneebedeckten schottischen Berge. Das Segel des Katamarans war steifgefroren, was aber nicht störte, denn der Wind war völlig eingeschlafen. Der Motor schob das Boot durch eine traumhaft schöne Kulisse in den verschiedensten Tönungen von Schwarz. Als die Sonne aufstieg, leuchteten über dem Heck die fernen Berge. Oban war schon nicht mehr zu sehen.

Nach zwei Stunden etwa lief das Boot auf vier Felsen zu, die aus dem Atlantik aufstiegen und größer wurden. Dave fiel ab nach Backbord, der zweite Felsen links war unser Ziel. Und dort in einer steinigen Bucht stand die einsame Gestalt.

Er hatte eine Pelzmütze auf wie Lederstrumpf, hinten baumelte eine Art Biberschwanz. Später haben wir erfahren, daß es eine Bekannte aus der Gegend von Nürnberg war, die dem Einsamen der Inseln diesen Kopfschmuck entworfen hatte. Das Landen war ein etwas kompliziertes Manöver. Der Katamaran mußte Anker werfen, und Dave hat uns mit einem kleinen Schlauchboot in mehreren Fahrten an Land gesetzt. Steine verhinderten das Anlegen der Jacht. Als Robin von seinem Ausflug aus London zurückgekommen war, hatte er sein Ruderboot leckgeschlagen vorgefunden, von den Wellen gegen die Steine geschleudert.

Einen eigenen Namen hatte die Insel nicht. Alle vier nennen sich die »Garvellachs«. Das kommt aus dem Gälischen und heißt »rauhe Inseln«. Ein schottischer Baron, so erklärte uns Robin Pitt bei einer ersten Führung über den Felsen, habe diese vier Inseln beim Kartenspiel gewonnen. Und dieser Baron hatte nichts dagegen, daß ein Flüchtling aus der Londoner Politik auf einer der Garvellachs Wohnung bezog. Schottische Barone haben eine offene Seele für derart ausgefallene Ideen.

Wir sind mit unserem Gastgeber zum Holzhacken gezogen, an den Kaninchenfallen vorbei. Wie sind die Kaninchen denn bloß hierher gekommen? Es gibt auch eine Ruine auf der Insel. Bis 1877 hat noch eine Fischerfamilie auf diesem einsamen Felsen gewohnt. Dann war gut hundert Jahre Pause, bis Robin kam. Im ersten Sommer hatte der Pionier Gemüsebeete angelegt. Das heißt, es waren nur Kartoffeln und Rhabarber. Denn, so hatte Robin irgendwo gelesen, alles andere fressen wiederum die Kaninchen, bevor es auch nur eine Chance hat, zu wachsen.

Als wir ihn besuchten, lebte er schon fast zwei Jahre dort. Der Anfang war natürlich die schwerste Zeit gewesen. Zunächst hatte er im Zelt geschlafen, dann hatte er sich aus Erde eine Unterkunft gebaut, um den ersten Winter zu überleben. Sein Brot backte er in einem alten Ölfaß, er hatte das Ruderboot zum Fischen. Es ist erstaunlich, so fand Robin heraus, mit wie wenigen Nahrungsmitteln der Mensch leben, mit wie einfachen Werkzeugen er alles herstellen kann, was er braucht. Das meiste von dem, was sie da jenseits des Wassers so emsig produzieren, erschien dem Flüchtling der Zivilisation inzwischen eine sinnlose Geschäftigkeit, eine Zerstörungswut an der Natur.

Im zweiten Sommer allerdings packte den Einsiedler diese Krankheit selbst. Er begann, ein solides Haus zu bauen. Es war gewiß nicht von schlechterer Qualität als jedes andere englische Häuschen, und es brachte einen Robinson Crusoe auf den sündigen Gedanken, es im Sommer an Gäste zu vermieten, die einen Abenteuerurlaub suchen in der schottischen Inselwelt. Er selbst wollte dann wieder in den alten Erdbunker ziehen. Die Überlegungen waren noch nicht völlig abgeschlossen, denn es war dem Flüchtling aus dem lauten London klar, daß mit dem Zuzug von anderen Menschen das ganze Elend der Zivilisation noch einmal von vorne beginnen könnte. Lärm und Gestank, bis hin zum Streit der Politik – alles, vor dem Robin Pitt ja nun einmal geflohen war.

Wir kletterten auf den höchsten Punkt des Felsens, zur Klippe, wo ein Seeadler kreiste. Da saßen wir dann und sprachen – welch seltsames Thema vor einer solchen Kulisse! –, wir sprachen über Margaret Thatcher.

»Politik«, so sagte der Mann unter der Lederstrumpfmütze mit großer Festigkeit, »Politik ist Lüge!« Früher einmal zu paradiesischen Zeiten hätten sich in den Dörfern und auf den kleinen Inseln die Menschen abends versammelt und die Angelegenheiten von gemeinsamem Interesse besprochen. Jeder habe Vorschläge gemacht, und der vernünftigste Vorschlag oder die gescheitesten Teile verschiedener Ideen, die habe man dann gemeinsam in die Tat umgesetzt.

Und heute? Robin Pitt erinnerte mit finsterem Blick an seine Erfahrungen im Stadtrat von Lambeth, einem der größten Boroughs der Millionenstadt London. Das unruhige Brixton gehört zu Lambeth, aber auch Wohngegenden der gehobenen Mittelklasse. Politisch waren die Mehrheitsverhältnisse im Rathaus immer auf Messers Schneide. Zunächst hatten die Konservativen eine knappe Mehrheit, wodurch sich die Linken von der Demokratie verraten fühlten. Dann eroberte der linke Flügel der Labour-Partei die Macht wieder zurück, wodurch die Konservativen in Depression und Aggressivität verfielen.

Der Gegenüber des Fraktionsführers Robin Pitt war ein

im ganzen Königreich bekannter Trotzkist namens Ted Knight. Stürmisch ging es zu, wenn der Stadtrat tagte, und: »Jeder konnte sagen, was er wollte, keiner von der anderen Seite hatte ihm je zugehört. Die Linken konnten sagen, was sie wollten, wir haben nicht ein einziges ihrer Argumente akzeptiert. Und wenn wir etwas sagten, dann schrien die uns nieder. Links und Rechts, einer des anderen Feind. Stadtrat ... wer suchte schon Rat? Jeder wußte alles. Es war so sinnlos geworden. Keiner hatte auch nur die geringste Chance, den anderen in irgendeinem Punkt zu überzeugen!«

Dann sprachen wir über Pilze und wilde Früchte, über eine Anleitung zum Stricken, die ich zu lesen versprach. Was ihm an London stets so besonders mißfiel, waren die finsteren Gesichter der hastigen Menschen. Krach vierundzwanzig Stunden am Tag, die Enge, zugige Straßen und überhitzte Räume. Von vier Londonern, die ihm begegneten, sahen drei sehr unzufrieden aus. Und hier, einsam auf einem Felsen im Ozean, Stille. Robin war das Volk, keiner da weit und breit, der anderer Meinung war.

Sicher, das Leben eines Robinson Crusoe habe auch seine harten Seiten. Einmal sei er gestürzt und habe sich am Bein verletzt. Eine ganze Woche lang mußte er sich quälen, bis er ein Segelboot herbeiwinken konnte, der Skipper verstand etwas von Erster Hilfe. Die Stürme im Herbst konnten Bäume abrasieren, Windstärken bis zu einhundertunddreißig Meilen die Stunde. Die Wellen, so versicherte Robin, seien manchmal so hoch, daß sie die Fische gegen den Felsen schleuderten.

In seinem Haus hatte Robin zwei Bretterborde voller Bücher. Thomas Hardy, Agatha Christie sind seine Lieblingsautoren. Gewiß, der Lederstrumpf und Robinson Crusoe waren auch auf dem kleinen Regal. Vor allem aber

Bücher über Naturgeschichte und soziale Wissenschaften. An der Wand hing ein Gewehr und gleich neben den Büchern ein Foto von Dennis und Margaret Thatcher unter dem Tannenbaum. Persönlich hatte sie es unterschrieben, herzliche Grüße und Wünsche zu einem Weihnachtsfest, als Robin noch Fraktionsvorsitzender in London war.

Und damit waren wir wieder beim Thema. Robin hatte die Vor-Thatchersche Politik der Konservativen mehr gelegen. Für jeden etwas, die Suche nach dem Konsens, leben und leben lassen. Und noch einmal unterstrich der Flüchtling der Politik, was ihn am meisten enttäuscht hatte im lauten Leben da irgendwo jenseits des Wassers: »Jedes politische Programm ist doch allenfalls zur Hälfte richtig, mag sein zu sechzig Prozent, mehr nicht! Keine Ideologie und kein Grundsatzprogramm können hundertprozentig richtig sein, auch Margaret Thatchers Programme nicht. Das Schlimme ist: Die Politiker wissen das auch! Sie glauben selbst nicht an die hundert Prozent der eigenen Lehre, sie tun nur immer so. Über die Fehler der anderen Seite hört man sie reden und über die sechzig Prozent ihrer eigenen Thesen, von denen sie wirklich überzeugt sind. Über die eigenen Zweifel, über die anderen vierzig Prozent im Glauben ihrer Partei reden sie einfach nicht. Sie wissen, daß da nicht alles stimmt, aber sie geben es nicht zu. Das ist die Lüge. Die Politik wird den Menschen in den Schlund gepfropft wie den Gänsen, die man mästet.«

Wir verließen Robin Pitt, als die späte Nachmittagssonne schon lange Schatten warf: eine schlanke, bärtige Gestalt unter der Pelzmütze, winkend am Ufer, immer kleiner werdend. Dann – als der Katamaran Fahrt aufnahm – sah man bald nur noch die Insel. Zunächst noch gewaltig, dann winzig, dann nicht mehr auszumachen im dunklen, ruhigen Ozean.

Und dann wieder London, wieder Lärm und wieder Politik. Nur manchmal der Gedanke an einen, der einfach gekündigt hatte und ging. Man konnte ihm nicht einmal schreiben. Kein Briefträger würde ihm die Zeilen auf die Insel bringen.

Die Geschichte hat natürlich noch einen Nachtrag. Zweieinhalb Jahre lang hat es Robin Pitt in der Einsamkeit ausgehalten. Und dann gab auch er auf und kam zurück.

Es war ungefähr um die Zeit, als ich das Königreich verließ. Der »Evening Standard« hatte dem Ereignis die hämische Schlagzeile verpaßt: »Weggelaufener Liebhaber zurück von seiner Insel!« Jackie, wir erinnern uns, er hatte eine Frau in London zurückgelassen, Jackie hatte sich in den zweieinhalb Jahren mit Arbeit getröstet, hatte die Geschäfte weitergeführt und war dabei sehr erfolgreich gewesen. Sie nahm den stromernden Ehemann auf wie einen Pudel, der am Ende doch wußte, wo er hingehörte.

Der Bericht in der Zeitung war durch ein Foto geschmückt: Frau Jackie und ihr Robin wieder nebeneinander auf dem Sofa daheim. Sie vom Fotografen etwas erhöht postiert, er mit Bart, im Pullover, aber ohne die Mütze, die ihm so stand. Ihr Lächeln etwas kräftiger als seins. Es sei natürlich schwer, sich wieder an die vielen Menschen zu gewöhnen, hatte Robin dem Reporter des »Standard« gesagt, an das Achtlose, Verdrießliche, Laute, das hilflose, hektische Mitgerissen- und Vorwärtsgetriebensein.

Aber hier, so versprach sie, wollte die Ehefrau dem reuigen Heimkehrer hilfreich zur Seite stehen. Auch finanziell. Denn schon trug sich Robin Pitt mit Plänen, ins Wirtschaftsleben zurückzukehren, noch einmal von vorne anzufangen. Wohl in der Ahnung, daß die moderne Welt ihm mehr von ihren Regeln aufzwingen könnte, als er die Chance hätte, sie aus der Sicht eines Eremiten zu prägen. Ob Jackie ihm seine Ausflüge, das plötzliche Verschwinden, gänzlich verziehen habe, das ging aus dem Bericht der Zeitung nicht klar hervor. Es seien da noch Punkte im persönlichen Bereich, so schrieb der Reporter, die beide Seiten im Interview nicht berühren wollten.

Doch dann kam ein Satz, der mich sehr nachdenklich stimmte, ja sogar ein bißchen traurig und verwirrt. Mein Held teilte den Lesern seine Absicht mit, auch wieder einzusteigen in die Politik. Trotz all ihrer eindeutigen Schwächen. Nicht gleich wieder in London, sondern am Rande der großen Stadt, irgendwo in Hertfordshire. Und natürlich: als Kandidat für die Konservative Partei! Die Revolution war also doch gescheitert.

Margaret Thatcher, über die wir damals auf der Insel so trotzig hergezogen sind, sie hat am Ende einmal mehr recht behalten. Margaret Thatcher hat eben immer recht. Das ist auf noch nicht absehbare Zeit das tragische Schicksal der Briten.